手把手教你做

小学英语单元整体教学
指导手册

杨 璐◇主编

山东友谊出版社·济南

编 委 会

序　言

山东省教育科学研究院副院长　张　斌

我很高兴为《手把手教你做——小学英语单元整体教学指导手册》这本书撰写序言。

英语是全球使用最广泛的语言。在这个瞬息万变、信息爆炸的时代，英语教学对于培养具有国际视野和跨文化交际能力的新时代人才具有举足轻重的地位。本书是对2022年版《义务教育英语课程标准》的深入解读与实践检验，是小学英语教育教学改革的重要成果，充分体现了新课标对培养学生核心素养的要求。

本书展现了山东省小学英语教师们在省教研员杨璐老师的带领下，推进单元整体教学的成果。本书理论与实践并重，为广大小学英语教师展示了易操作的教学模板和真实的教学案例，为他们提供新的视角和思路，有利于推动教学方法的改革和创新。本书极力倡导的单元整体教学，以主题为引领，完美融合语言学习与学科知识、技能、文化等，使学生在真实语境中运用语言，提高核心素养和解决问题的能力，符合全球教育发展趋势。本书的出版不仅是山东小学英语教育的勇敢尝试，更是全国小学英语教育进步的缩影。它必将对小学英语教育产生深远影响，引领我们走向更加注重学生全面发展和核心素养培养的新境界。

我期待广大教育工作者从本书中获得启发，共同推动小学英语教育进步，以培养具备国际视野、跨文化交际能力和解决实际问题能力的新一代学生。

最后，让我们共同热烈祝贺这本具有开创性意义的作品问世，热切期待大家为小学英语教育写下新篇章！

目录 | CONTENTS

第一章

单元整体教学的
课标要求

1 单元整体教学概念解读

单元整体教学是指教师基于课程标准，围绕特定主题，对教材等教学资源进行深入解读、分析、整合和重组后，结合学生主体的需求，搭建起的一个由单元大主题统领、各语篇子主题相互关联、逻辑清晰的完整教学单元，以帮助学生实现深度的认知参与、思维参与、情感参与和价值判断。

单元是承载主题意义的基本单位，主题意义承载育人价值。单元整体教学为英语课程核心素养的落地提供了内容组织框架。实践表明它是落实英语课程总目标和学段目标、实现有意义的语言学习的重要抓手。

小学英语单元整体教学设计是以教材中的单元为基础，以单元主题意义为引领，在一个相对完整的基本学习单位中对教学内容、教学目标、教学活动和教学效果评价进行的整体化设计。教师需要认真分析单元教学内容，梳理并概括与主题相关的语言知识、文化知识、语言技能和学习策略，并根据学生的实际水平和学习需求，寻找关联点和进阶点，确定主题和子主题，规划单元发展路径，体现"教—学—评"一体化，在教学活动中层层探究主题意义。单元整体教学过程就是以单元的主题意义建构为核心的、语言的"学"与"用"相融合的过程，是帮助学生进行意义探究和发现问题、解决问题的过程。

② 课标中的单元整体教学

《义务教育英语课程标准（2022 年版）》为我国的义务教育英语课程建设揭开了新篇章，为单元整体教学指明了方向。

一、在单元教学关键词方面的变化

通过对比 2011 版课标和 2022 版课标关于单元教学关键词的索引可以看出，2022 版课标关于单元教学的关键词有明显增加。在 2011 版课标中没有任何关于"单元整体教学""单元教学""主题意义"和"子主题"的描述；在 2022 版课标中新增了"单元整体教学""单元教学""主题意义""子主题"等术语。关于"主题"一词，在 2011 版课标中只出现了 5 次，而在 2022 版课标中出现了240 次（见表 1.1）。

表 1.1 关键词索引表

关键词	2011 版课标	2022 版课标
单元教学	0	17
单元整体教学	0	7

续表

关键词	2011 版课标	2022 版课标
主题	5	240
子主题	0	19
主题意义	0	25

二、在教学理念方面的描述

2022 版课标遵循培根铸魂、启智增慧的原则，确定了六要素整合的课程内容，力求改变长期以来英语课程以词汇、语法知识为主的碎片化教学方式。在课程理念部分，2022 版课标强调 "内容的组织以主题为引领，以不同类型的语篇为依托，融入语言知识、文化知识、语言技能和学习策略等学习要求，以单元的形式呈现"，突出了单元整体教学的综合育人功能。单元整体教学强调以主题为引领选择和组织课程内容，挖掘单元内各语篇所蕴含的育人价值，使学生完成单元学习后，形成结构化认知，并能运用所学知识技能、方法策略和思想观念，尝试解决真实情境中的问题，实现单元内多语篇协同育人的效果。

2022 版课标在课程理念部分还提到："倡导学生围绕真实情境和真实问题，激活已知，参与到指向主题意义探究的学习理解、应用实践和迁移创新等一系列相互关联、循环递进的语言学习和运用活动中。" 英语课堂教学的关键是语言学习和运用活动，这些活动应该围绕对主题意义的探究进行。[1]

---

[1] 程晓堂主编：《义务教育课程标准（2022 年版）课例式解读　小学英语》，教育科学出版社 2022 年版，第 50—51 页。

三、在课程目标中的叙述

2022版课标在思维品质的学段目标"二级"中指出"能识别、提炼、概括语篇的关键信息、主要内容、主题意义和观点；能就语篇的主题意义和观点作出正确的理解和判断；能根据语篇推断作者的态度和观点"。2022版课标强调，基于语篇的英语教学主要是引导学生理解和判断语篇的主题意义，并对主题意义作出反应。[①]

四、在教学提示中的表述

2022版课标在课程内容方面，针对"一级"有如下建议与单元整体教学相关：围绕语篇的主题意义设计紧密关联的语言实践活动。在教学中，教师要围绕单元主题，依托语篇，设计体验、模仿、理解、应用等体现逻辑关联的语言实践活动，帮助学生建构基于主题的结构化知识；借助课堂任务单和板书，帮助学生采用问答、描述和表演等活动内化所学语言和文化知识；帮助学生通过小组讨论、制作海报和展板、创编故事以及表演等活动，用英语交流和表达新的认知，体现出对主题的理解。

五、在教学建议中的阐释

2022版课标在课程实施部分的教学建议之二（见图1.1）要求教师在教学过程中加强单元教学的整体性，推动实施单元整体教学。

[①] 程晓堂主编：《义务教育课程标准（2022年版）课例式解读 小学英语》，教育科学出版社2022年版，第51页。

总之，2022版课标将主题视为课堂教学的灵魂，连接课程内容和课堂教学的纽带，倡导基于主题意义探究的英语单元整体教学。

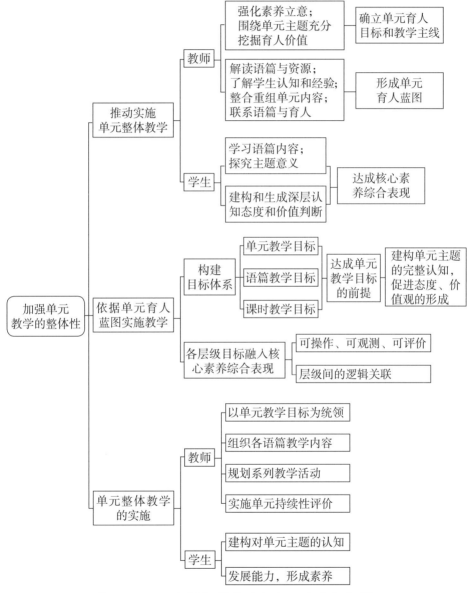

图 1.1　2022 版课标教学建议之二内容框架图

第二章

单元整体教学的
必要性分析

① 背景分析

一、源于政策要求

2014 年印发的《教育部关于全面深化课程改革落实立德树人根本任务的意见》中指出："改进学科教学的育人功能。全面落实以学生为本的教育理念。"2017 年，《国家教育事业发展"十三五"规划》指出，要把立德树人作为教育的根本任务，培养德智体美全面发展的社会主义建设者和接班人。2019 年，《国务院办公厅关于新时代推进普通高中育人方式改革的指导意见》要求："把综合素质评价作为发展素质教育、转变育人方式的重要制度，强化其对促进学生全面发展的重要导向作用。强化对学生爱国情怀、遵纪守法、创新思维、体质达标、审美能力、劳动实践等方面的评价。"同年颁布的《中共中央 国务院关于深化教育教学改革全面提高义务教育质量的意见》指出，要"突出学生主体地位，注重保护学生好奇心、想象力、求知欲，激发学习兴趣，提高学习能力"。2019 年，《国务院办公厅关于新时代推进普通高中育人方式改革的指导意见》明确要求："培养学生学习能力，促进学生系统掌握各学科基础知识、基本技能、基本方法，培养适应终身发展和社会发展需要的正确价值观念、必备品格和关键能力。积极探索基于情境、问题导向的互动式、启发式、探究式、体验式等课堂教学……" 2023 年 5 月，教育部办公厅印发《基础教育课程教学改革深化行动方案》（以下简称《方案》），要求各地各校明确责任分工，建立健全推进机制，不断将基础教育课程教学改革引向深入。《方案》从课程方案转化落地规划、教学方式变革、科学素养提升、教学评价牵引等方面提出了 14 项举措，强调切实推动课程教学改革落到实处。

二、源于时代背景

单元整体教学的必要性和紧迫性，首先源于时代的呼唤。进入 21 世纪后，整个世界都在加速变化，传统教育方式受到了来自人工智能的巨大挑战。人工智能技术的快速发展和广泛应用，正在改变传统的教育方式和教学模式。传统上需要教师花费大量时间和精力来进行的背诵、计算等基础技能的教学和评估，人工智能可以通过自动化工具和算法轻松准确地完成。而那些不能被人工智能取代的创造力、批判思维和解决问题的能力才应该是教师在当下和未来重点关注的。教育工作者需要不断学习和更新自己的技能，适应新时代教育的需求。《为未知而教，为未来而学》提出，教育的任务不仅仅是传递"已经打开的盒子"里面的内容，更应当是培养学生对"尚未打开的盒子"和"即将打开的盒子"中内容的好奇心。可以说，为未知而教是我们每一位教师的责任，努力寻求有意义的教育是时代赋予我们的责任和使命。

三、源于当代小学生身心发展的需求

指向学生全面发展、指向学生核心素养目标落实的单元整体教学，也是当代学生身心健康发展的需要。现在的小学生从小就接触数字技术，接触智能手机、平板电脑和互联网等，他们非常熟悉和擅长使用数字工具和应用程序，他们获取知识和信息的渠道非常广泛。网络世界的复杂性和不确定性，可能导致认知的混乱。同时，他们如果更倾向于虚拟社交，缺少真实的社交和人际互动，就会导致内心的孤独感，会有不被父母和老师理解的烦恼。当代中小学生也更关注对个人意义和自我实现的高目标追寻，然而功利主义的教育带来的无意义感、挫败感导致了有些学生厌学情绪的产生。作为教师，我们应该努力提供一个安全、包容的环境，鼓励学生分享内心的感受，倾听他们的需求，鼓励他们勇于挑战，还应该提供机会让他们思考和讨论人生的意义、个人目标和价值观，帮助他们明确自己的兴趣、激发潜能，并找到对社会有意义的活动和参与方式。可以说，指向深度学习、指向意义探寻的单元整体教学是一剂对抗学生厌学倾向的良药，值得每位教师认真研究和切实践行。

② 当下小学英语教学中存在的误区

　　当下小学英语教学中，存在着各种碎片化教学和偏重英语的工具性、忽视人文性的误区：部分教师孤立地教授单词，缺少融入实际语境中的单词教学，导致学生对单词真正理解和运用能力的缺失；有些教师进行独立的语法教学，只强调语法规则的记忆和应用，忽视了语法与语言的实际运用之间的联系，也忽略了语言交际的目的和意义。此外，在听力和口语教学中，部分教师将听力和口语练习拆分成孤立的片段，让学生单独进行听力理解或口语朗读练习，缺乏在真实交际情境下对学生听说能力的培养；有些教师机械地对学生进行阅读训练，注重对词汇和句子的理解，却忽视了对文章整体结构、主题和思想的理解，导致学生无法真正领会文章的意义和内涵。脱离实际生活的教材内容，缺乏与学生已有经验和成长背景相关的话题和材料，没有意义统领的碎片化的教学，难以引起学生学习兴趣，导致学生难以构建认知结构，无法达到迁移创新的目标，难以将所学的知识应用到实际生活中。单元整体教学倡导将教学内容组织成有机的整体，注重知识的连贯性和延伸性；强调综合运用，不仅仅注重英语的工具性，还要注重培养学生的语言运用能力；通过设定主题或话题来整合教学内容，让学生在一个主题下学习相关的语言知识和技能，同时获得体验、激发思维、涵养文化并提升学习能力。

推动单元整体教学对教师的挑战

推动单元整体教学，需要教师具备较高的专业素养。

1.对课标要求的充分理解。课标的教学要求与传统的教学方法和内容有所不同，需要教师进行全面的理解和适应。教师可以通过参加相关的培训和研讨会，阅读相关的教学指南和教材以及与同事进行交流和合作，来深入理解课标的要求。

2.对教学资源的合理统整。实施单元整体教学需要教师收集和准备多样化的教学资源，包括教材、教辅材料、多媒体资源等。教师需要积极寻找和利用各种资源，包括互联网上的开放教育资源、学校图书馆的相关资源和其他教师共享的资源等。

3.对教学时间的管理。单元整体教学需要教师合理安排教学时间，确保各个教学环节和任务的顺利完成。教师需要制订详细的教学计划和时间表，设定合理的任务量和完成时间，并灵活调整教学进度，以适应学生的学习进度。

4.对学生自主学习和反思能力的培养。单元整体教学鼓励学生主动参与和合作，但在实践中，教师可能面临学生参与度不高或反馈不及时的问题。教师可以采用多样化的教学活动和方法，激发学生的学习兴趣和积极性，定期收集学生的反馈并进行评估，以了解他们的学习进度和需求。同时引导学生进行自我评价和反思，让学生对自己的学习负起责任。

5.对自我评价素养的提升。评价是教师收集学生学习信息、及时调整教学方式并确保教学质量的重要手段。确保目标落实需要评价任务的伴随。如何设计出与学习目标匹配的评价任务，如何恰当运用形成性评价和总结性评价，如何设计表现性评价任务及评价量规，如何进行单元整体教学的作业设计等，都是教师需要思考的问题。

6.对学习型教研共同体的打造。教研部门和学校可以提供相应的支持和培训，包括教学方法培训、教学观摩和交流、教学团队合作等，帮助教师逐步掌握并切实应用进行单元整体教学的技巧。

第三章

单元整体教学
设计路径

根据单元整体教学的课标要求和必要性分析，本章提供单元整体教学设计的路径，旨在帮助教师基于单元视角进行合理分析，确保教学有理可依，有据可循。

如图3.1所示，单元整体教学设计的基本路径是单元概览—背景分析—单元设计—单课设计，最终形成单元整体教学方案。

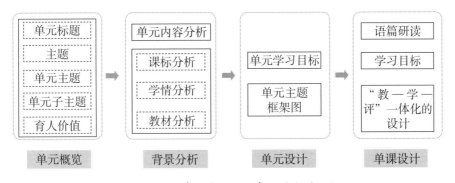

图 3.1　单元整体教学设计框架图

① 单元概览

在小学英语单元整体教学设计中，教师要深入研读《义务教育课程方案（2022 年版）》和《义务教育英语课程标准（2022 年版）》。课程标准强调："推动实施单元整体教学。教师要强化素养立意，围绕单元主题，充分挖掘育人价值，确立单元育人目标和教学主线。"

教学内容和教学活动要以主题为引领。一个单元的教学设计应围绕主题，将所有内容和活动整合起来。进行小学英语单元整体概览时要关注 5 个项目：单元标题、主题、单元主题、单元子主题、育人价值。在进行单元整体设计之前，教师首先要明晰义务教育英语课程内容的分级体系。按照学生语言能力发展的进阶特点，九年义务教育英语分级体系为：3—4 年级学习一级内容，5—6 年级学习二级内容，7—9 年级学习三级内容。兼顾小学英语开设起始年级区域差异，设置预备级和三个"级别 +"。教师在进行单元整体教学设计时，要基于单元的主题内容级别，确定"人与自我""人与社会""人与自然"相关主题范畴，进而通过研读语篇，确定相应的主题群和子主题。

背景分析

一、课标分析

　　《义务教育英语课程标准（2022年版）》指出，英语课程要"以习近平新时代中国特色社会主义思想为指导，全面贯彻党的教育方针，遵循教育教学规律，落实立德树人根本任务，发展素质教育"，以培养有理想、有本领、有担当的时代新人为出发点和落脚点。英语课程要培养学生在语言能力、文化意识、思维品质和学习能力等方面的核心素养。因此，义务教育英语课程的宗旨是通过英语课程的学习促进学生核心素养的发展。

　　《义务教育英语课程标准（2022年版）》指出："课程标准是实施课程的纲领性文件，是开展教学、评价和考试命题的重要依据。"《基础教育课程教学改革深化行动方案》中指出，要落实课程方案和课程标准，全面推进教学方式变革，不断深化教学改革，提高教学质量。教师在进行单元整体教学设计时，应以课标为依据，深刻理解课程理念，研读课程内容和学业质量标准，以课标的要求为目的，全面认识英语课程的育人价值和育人途径。在这一过程中，准确分析课标、厘清课标中的目标体系至关重要。课程方案和课标建构了"培养目标—课程标准—教学目标"的层级化树人目标体系。课程方案中的培养目标实际上就是培养"三有"时代新人。《义务教育英语课程标准(2022年版)》建构了素养导向的"目标一族"——课程目标、内容标准与学业质量标准。我们来梳理一下目标体系中各目标的关系:培养目标中的"有理想",就是我们所说的有正确价值观;"有本领",就是有关键能力;"有担当",就是有必备品格。在培养目标的引领下,英语学科再提出自己的学科核心素养,就构成了课程标准。在英语课标中深度挖掘目标的内涵,便建构起以核心素养为统领的课程目标、内容标准、学业质量标准。

课程目标描述的就是学生学习课程之后应达到的预期学业成就,是核心素养在课程中的转化与落实。课程内容是学生达成学业质量水平的载体与实现路径。包含两种预期结果,一种是内容要求,即学生知道什么、会做什么;另一种是教学提示,是结合具体内容对指向核心素养的预期学习结果的表述。学业质量是学生在完成课程阶段性学习后的学习成就表现,反映核心素养要求,代表可测评的成就目标。

教师在进行课标分析时,需要结合核心素养学段特征、课程目标或学段目标、学业质量标准、内容要求、教学提示,使用课标语言进行综合分析,可选取一个或多个维度,不用面面俱到。

二、教材分析

英语教材是英语课程的核心资源。《义务教育英语课程标准(2022年版)》指出:"英语教材既是英语教学的主要内容和载体,也是对学生进行思想品德教育的重要媒介。"义务教育英语教材包括供"六三"学制使用的和供"五四"学制使用的两种版本。教师要深入分析教材,准确把握教材的设计理念和内容,熟悉教材的编排特点;深入研读教材,在教学中根据学生的水平和教学需要,有效开发和利用教材资源，激发学生的学习兴趣，开阔学生的视野，拓展学生的思维。

如图 3.2，在小学英语单元整体教学设计中，教师可通过教学材料分析、教学内容分析进行教材分析。

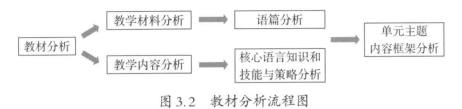

图 3.2　教材分析流程图

以下以《英语》(人教 PEP 版)六年级下册 Unit 3 Where did you go? 为例，说明单元整体教学设计中如何进行教材分析。《英语》(人教 PEP 版)的编写以学生为中心，单元编排以话题为纲，每个单元都有一个主题，教师要围绕单元主题对教学内容进行整体化设计——梳理单元主线，明确单元教学目标，根据主题提炼相应的小话题，重构教学内容，定位层次化的课时目标，建构知识结构。

以《英语》(人教 PEP 版)六年级下册 Unit 3 Where did you go? 为例，教材分析的具体步骤如下。

（一）基于教学材料分析，研读单元语篇内容

语言离不开语篇，语篇离不开内容。这里的内容是指语篇本身的内容，即语篇表达的观点、再现的经验、传递的情感态度等。教师只有全面、深入地分析教材中使用的语篇，才能有针对性地设计教与学的活动。本单元内容围绕 Holiday trips 这一主题展开，涉及四个语篇，包括两组对话、一篇配图短文和一个配图故事。

（二）基于教学内容分析，明晰核心语言学习要点

教师在进行教材分析前，首先要准确定位教学内容，才能解读得细致、科学、合理。很多教师认为教学内容就是语音、词汇、语法等语言知识以及听、

说、读、看、写等语言技能，这是对教学内容的狭义理解。教学内容包括：语言内容和主题内容。语言内容就是学生需要学习的语音、词汇、语法等语言知识以及听、说、读、看、写等语言技能。有的学者认为，主题内容是语篇承载的表意内容。本单元以主题 Holiday trips 为引领，以不同类型的语篇为依托，融入语言知识、文化知识、语言技能和学习策略等学习要求，教师只有明晰核心语言学习要点后，才能把教材分析得透彻、清楚。

表3.1　核心语言学习要点

单元主题：Holiday trips			
语篇	核心词语	核心句型	技能与策略学习要点
1."John's happy but a little reckless trip"	周末活动和假期旅行活动：rode a horse, rode a bike, hurt my foot, went camping, went fishing	询问、介绍假期活动：Where did you go? I went to... What did you do?	·根据图片和标题，推测对话的主题、语境及主要信息 ·在语境中，根据单词的音、形、义学习词汇 ·借助思维导图问答或介绍他人的假期旅行
2."Amy's well-arranged trip"	假期旅行活动：ate fresh food, went swimming, took pictures, bought gifts	询问、介绍假期旅行活动：Where did you go? What did you do? How did you go? Who did you go with? How was...?	·根据图片和已有经验，推测对话的主题、语境及主要信息 ·在语境中，根据单词的音、形、义学习词汇 ·理解多模态语篇（视频、微课）传达的意义，提取关键信息 ·借助思维导图问答或介绍他人的假期旅行，反思自己的假期旅行，并进行合理的安排
3."Wu Binbin's bad but also good trip"	假期旅行活动：basket, part, licked, laughed, dressed up	表达对假期旅行的感受：It was a bad day but also a good day.	·比较语篇中人物、事物或观点的相似性和差异性，尝试从不同视角出发观察、认识世界 ·理解多模态语篇传达的意义，提取关键信息 ·概括语篇的主要内容，并能结合范例写一写自己假期旅行中的好与坏，辩证看待假期旅行，保持积极乐观的生活态度

续表

单元主题：Holiday trips			
语篇	核心词语	核心句型	技能与策略学习要点
4. "Zoom's amazing trip"	太空旅行活动：spaceship, dream, went to the moon, took pictures	介绍太空旅行活动：How was...? Where did you go? How did you go there? What did you see?	· 根据图片推测故事的主要信息 · 借助图片和核心语言讲述故事的主要内容 · 借助思维导图和语言提示介绍自己梦想中的太空之旅

教师要通过单元主题内容框架图的搭建，提炼主题意义，全面分析教材，围绕主题内容设计教学活动，让学生在语境中体验、感知和学习语言。

Holiday trips 这一单元的四个语篇从不同的视角出发谈论旅行，单元内各语篇与单元主题之间、各语篇之间相互关联，构成四个子主题，即树立意识：爱旅行、爱生活，但要注意旅途安全；落实行为：做好旅游攻略，提升旅行品质；形成态度：关爱并帮助他人，共享美好旅程；畅想未来：努力学习，科学探究，为实现伟大的中国梦而奋斗（见图 3.3）。各课时围绕单元主题 Holiday trips 展开，学习活动按照学习理解、应用实践和迁移创新三个层次由浅入深，层层推进，整合新的语言知识实现结构化，逐步建构和生成态度与价值观，也就是单元大观念，关注学生素养的综合表现，实现语言学习与课程育人的有效融合。

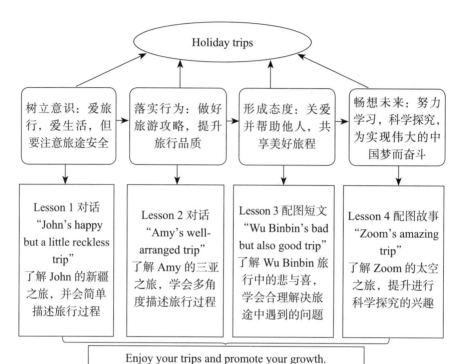

图 3.3　Holiday trips 单元主题内容框架图

第四章

单元整体教学
设计策略

1 教学目标设计

一、教学目标的内涵与外延

教学目标是教学活动的主要要素之一，引导着课堂教学的走向，也是检测课堂教学成果的标准。教学目标设计对于教师确定教学模式、选择教学策略与教学方法、进行教学评价起着指导性作用。

教学目标涵盖课程目标、学段目标、单元教学目标和课时教学目标。课程目标是一种宏观的教学目标，是课程规划者预设的学生学习的取向或结果，学生需要按照课程计划完成部分或全部的学习任务；学段目标是对某一学段结束时学生应达到的学业成就的预设或期待，是总目标在各学段的具体化呈现；单元教学目标力求反映学生学习完某一单元内容后的预期核心素养综合表现，需体现学生能在什么情况下、运用哪些语言知识和文化知识做什么事；课时教学目标是一种微观目标，是一节课预期达到的教学结果，是学科目标的具体化。课时教学目标对教学活动的设计起着导向性作用，对教学过程起着控制和连接作用，是评定教学成果的依据。教师要依据单元育人蓝图实施教学，构建完整的目标体系，使学生逐步建构起对单元主题的完整认知，促进正确态度和价值观的形成。

《义务教育英语课程标准（2022年版）》关于单元整体教学目标方面的陈述为："依据单元育人蓝图实施教学，要构建由单元教学目标、语篇教学目标和课时教学目标组成的目标体系，使学生逐步建构起对单元主题的完整认知，促进正确态度和价值观的形成。各层级目标要把预期的核心素养综合表现融入其中，体现层级间逻辑关联，做到可操作、可观测、可评价。"

《义务教育英语课程标准（2022年版）》中首次出现"学业质量"的表述。它是"学生在完成课程阶段性学习后的学业成就表现，反映核心素养要求……英语学业质量标准以学生在语言能力、文化意识、思维品质和学习能力等方面的核心素养及其学段目标为基础，结合英语课程的内容和学生英语学习的进阶情况，从学习结果的角度描述各学段学业成就的典型表现"。教师在确定教学目标的时候，也应该把学业质量考虑在内。

二、如何确定教学目标

（一）以课程标准为依据，呈现目标设计的准确性

课程标准规定了一门学科的课程性质、课程目标、所学内容并给出了实施建议等，它是教材编写、教师教学和评估学生学习成果的依据。课程标准中列出的学段目标，对于单元教学目标以及课堂教学目标的确定具有直接的导向功能。因此，教学目标的确定必须基于对课程标准的深入分析。教师备课时需结合学生实际情况，对课程标准进行分解和细化，来确定每个单元以及每课时的教学目标。分解课程标准要采用要素分析法。教师先要分析一条内容标准的表述结构中是否具备了学习目标的四个基本要素。若有，则或替代，或拆解，或组合、提炼，或聚焦、联结，对其进一步扩展、剖析；若无，则需结合具体情境

界定、补足，以形成课堂层面的教学目标。

（二）以教学内容为基础，加强目标设计的实效性

教学内容是实施课堂教学、实现教学目标的主要载体。教师要先通读全学段教材，细读全册教材，理解教材体系及编写意图，把握某一主题在全学段教材中的位置以及同主题的不同单元之间的逻辑关系，从知识结构的角度出发分析知识的内在逻辑关系；从课程和教材的角度出发分析该部分知识与前、后学段知识之间的联系及不同教材的不同处理方式等；从知识应用的角度出发分析该知识在日常生活、现代科技等方面的应用；从横向联系的角度出发分析该知识与其他学科或课程内容的联系。在整合教材原设计内容和拓展资源的基础上，确定单元主题和任务。之后围绕单元主题和任务，分析、讨论期望学生在语言能力、思维品质、文化意识和学习能力等方面得到哪些发展，制订凸显所学内容核心价值的单元学习目标。在此基础上，确定各课时的教学目标。

（三）以学情为基础，体现目标设计的针对性

学情分析是教与学目标设定的基础。了解学生现有发展水平是确定课时教学目标的前提。只有真正了解学生的现有知识经验和心理认知特点，才能确定学生在不同领域、不同学科和不同学习活动中的最近发展区（已经达到的发展水平与可能达到的发展水平之间的区域）。教师可以利用 KWL（K=Know，W=What，L=Learned）表格了解学生在学习新内容之前关于该主题已经知道了什么，自己已有多少知识可与其关联，或者自己只有什么程度的知识可与其对应等来掌握学生的认知水平。同时让学生写出自己对于该主题想要了解的内容来提高学生对学习的目的意识，也便于教师从促进学生全面发展的需求出发，审视并制定教学目标。与此同时，教师还要充分考虑学生的能力差异、个性特点和达标差距，以便按照课程标准确定教学目标要求及出发点，为不同状态和水平的学生提供适合他们的学习条件。借助以上部分，教师能够研究学生的心理特

征和认知水平，预想学生在学习中可能出现的各种问题并预设解决这些问题的策略。在此基础上，教师可以确定课时教学目标并选择相应的教学手段和方法。

综上所述，教学目标的设计需要在充分分析课程标准、教材和学情的基础上进行。课程标准是课程改革的纲领性文件，教学目标作为课程标准的具体化体现，必须紧紧围绕课程标准所规定的基本素质提出。教材是课堂授课内容的载体，教师必须结合主题意义深入研读，更好地理解和把握教材，进而提出恰当、准确的教学目标。只有了解了学生的实际需要、能力水平和认知倾向，教师才能更好地引导学生运用所学知识、概念、思想和方法创造性地解决问题，才能提高教学效率，更有效地达成教学目标。

三、如何叙写教学目标

教学目标的设计应明确具体，切实可行，可观察、可测量。目标设计应该体现学生对所学语言和文化知识的获得和转化过程，体现英语学习活动观从学习理解到应用实践，再到迁移创新的实践过程，实现对学生高阶思维的培养并实现学科育人的目标。

（一）目标叙写要规范

阿姆斯特朗（Armstrong）和塞维吉（Savage）根据马杰（R.F.Manger）的相关理论，建立了 ABCD 教学目标陈述法，为具体课堂教学目标的制定提供了较为完整、科学的框架，同时具有较强的可操作性。

A 为行为主体（Audience），就是目标表述句中的主语，即需要完成行为的学习者。B 为行为（Behavior），即学习者应做什么，是目标陈述句中的谓语和宾语，它说明了学生通过学习所能够完成的特定并可观察的行为及内容。在陈述时要避免使用描述心理过程的动词，如 "知道""理解""欣赏""记住"等，而应该使用行为动词,如"背诵""解释""选择""写出"等。C 为条件(Condition),意为上述行为在什么条件下产生,有时需要表明学生在什么情况下或什么范围内完成指定的学习活动,如学习情境、学习方式、学习工具,包含对时间、空间等的规定。D 为水平(Degree),指完成的程度。教学目标指向全体学生而不是个体学生,因此其表现程度是最低要求。如"能准确无误地说出……""详细地写出……""客观正确地评价……"等表述中的状语部分,便限定了目标水平的表现程度。

(二)目标叙写要明确

为了使教学目标具有可测量性,应该对学生行为的标准进行具体的描述,要写清最低标准和进行的行为或行为变化,四要素一个不少。叙写目标时要注意陈述的是预期中学生学习的结果,其陈述的主语是学生,具体陈述的是学习结果。

目标的叙写不仅要"规范",还要"明确"。美国的诺曼·E·格朗伦德(N.E.Gronlund)在《课堂教学目标的陈述》中提出,可以用描述内部过程的术语来表述教学目标,以反映理解、应用、分析、创造、欣赏、尊重等内在的心理变化,然后列举反映这些变化的行为样品,从而使目标可达成、可观察、可评价。在认知理论方面,布卢姆教育目标分类学为我们从认知的角度出发理解不同层次的教育目标、学习者的思维活动及学业行为提供了重要参照。根据安德森等对教育目标分类学的修正,学习者的认知过程依据其涉及的思维层次或认知行为的复杂程度,可以由低至高分为记忆(remember)、理解(understand)、应用(apply)、分析(analyze)、评价(evaluate)与创造(create)六个层级。该分类体系与英语学习活动观基本吻合,不仅可用于构建学科间通用的、彰显学习者认知活动的学科能力结构框架,而且对于结合学科内容筛选和细化活动类别,厘清学科学习者在认知层面应当具备的关键能力具有借鉴意义。

学习目标的叙写应该根据认知分类，采用具体可操作的行为动词描述不同层次的英语学习活动，并指向英语学科核心素养。具体认知目标分类下的核心关键动词见表4.1。

表4.1　英语学习活动观下的认知目标分类及核心关键动词举例

英语学习活动观	认知目标分类	核心关键动词
学习理解	记忆	回忆，识别，列表，定义，陈述，呈现，归类，连线，选择，重复等
	理解	说明，识别，描述，解释，区别，重述，归纳，比较，分类，讨论，例证，选择，总结，翻译，排序，评估等
应用实践	应用	论证，操作，实践，分类，举例说明，解决，计算，估算，画图，联系，使用，组织等
	分析	检查，实验，组织，对比，比较，辨别，区别，分析，询问，证实，演示，合并等
迁移创新	评价	估计，评论，鉴定，辩明，辩护，证明，预测，预言，支持，协作，监控，总结，检测，评判等
	创造	建立，设计，研发，想象，激发，制作，形成，阐述等

四、教学目标设计案例

以《英语》（人教PEP版）四年级下册 Unit 3　Weather 为例，教学目标设计案例如下。

（一）研读课标和教材，提炼单元主题意义

1.整体把握教材，明晰单元主题。

本单元为《英语》（人教PEP版）四年级下册第三单元，话题为 Weather。

学生在本单元首次接触天气主题的内容，需要掌握有关天气的词汇和询问天气情况的基本句式，同时初步了解中国主要城市以及世界主要城市的天气差异，并能及时提醒家人、朋友根据天气变化增减衣物、合理安排出行。

依据教学内容，对接《义务教育英语课程标准（2022年版）》，确定本单元的主题范畴为一级主题内容要求中的人与自然，主题群为自然生态，子主题内容为天气与日常生活，见表4.2。

表4.2 主题内容要求（一级）

范畴	主题群	子主题内容
人与自然	自然生态 环境保护	1. 天气与日常生活； 2. 季节的特征与变化，季节与生活； 3. 身边的自然现象与生态环境； 4. 常见的动物，动物的特征与生活环境。

注：该表格出自《义务教育英语课程标准（2022年版）》。

2. 分析教材，确定单元主题意义。

教材中本单元各板块的内容呈现了不同语境下的天气话题，包括收看天气预报（A板块）、与家人日常对话（A板块）、与身处不同国家的朋友电话聊天（B板块）、给朋友或家人写明信片或电子邮件（B板块）、唱有关雷雨天气的歌曲（B版块）、阅读有关天气情况的小故事（C板块）等。这些内容，既指向了学生的听、说、读、写等语言运用能力，又包含了交际策略、国际视野、跨文化交流意识和能力等学科核心素养的培养内容。如Chen Jie和Mark的电话聊天，便隐含了中西方对于温度的不同表达（摄氏度、华氏度），需要学生具备跨文化交流的意识与理解能力。关注天气变化，提醒家人、朋友根据天气变化及时更换衣物，或者向家人、朋友提出出行建议等，也是学生需要培养的必备品格和基本的生活能力。

综上所述，通过对本单元的学习，学生能够掌握有关天气的词汇和询问天气的基本句式，初步了解中国主要城市和世界主要城市的天气差异，清楚温度的不同表达方式，并有意识和能力及时提醒家人、朋友根据天气变化增减衣物、合理安排工作和生活。因此，本单元的主题可确定为认识天气，主题意义为：了解天气，根据天气合理安排日常工作和生活。

基于单元主题及主题意义，可细化子主题为：了解不同地区的天气情况；感知天气对生活的影响；依据天气情况规划生活。依据子主题，可将教学内容进行重组、统整，形成单元主题内容框架，如图4.1。

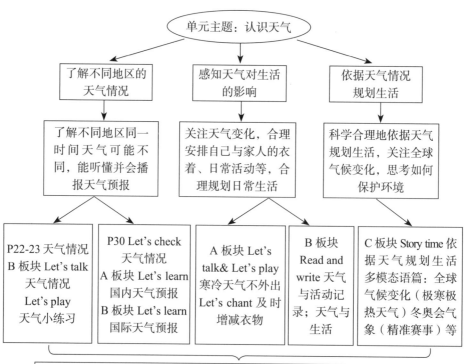

图4.1　单元主题内容框架图

（二）依据课程标准、教学内容，初步确定单元教学目标

1.对接学段目标和课程内容要求，分析教材，依托主题提取核心素养要求。

技能与策略学习要求见表4.3—4.6。

表4.3 语言能力内容与要求

内容	要求
感知与积累	能大声跟读有关天气的音视频材料，能借助图片读懂简单的天气小故事，理解天气故事基本信息
习得与建构	能在语境中理解简单句"What's the weather like in...?""Can I go outside?"的表意功能
表达与交流	能围绕天气主题，运用所学语言，询问或回答天气情况，依据天气情况给别人提供着装或出行建议

表4.4 文化意识内容与要求

内容	要求
比较与判断	初步具有观察、识别、比较中外对温度的不同表达的文化意识
沟通	能大方地与人接触，学习和感知人际交往中英语独特的表达方式
感悟与内化	能识别图片、短文中体现中外文化和正确价值观的具体现象与事物

表4.5 思维品质内容与要求

内容	要求
观察与辨析	感知各地天气的差异，正确认识不同的天气
归纳	感受到天气会影响外出活动、衣物穿着、身体健康等
批判与创新	依据天气合理规划日常活动安排

表4.6 学习能力内容与要求

内容	要求
乐学与善学	喜欢和别人用英语交流不同地区的天气、天气对生活的影响、如何依据天气合理规划生活等相关内容
选择与调整	能意识到自己英语学习中的进步与不足，并作出适当调整
合作与探究	能在学习活动中尝试与他人合作，共同完成学习任务

2.对接课程内容要求，分析教材。

课程内容可通过学习理解、应用实践、迁移创新等活动，推动学生核心素养在义务教育全程中持续发展。我们要使课程内容六要素和学段目标之间建立联系，如表4.7所示。

表 4.7　课程六要素下的教材内容分析

课程内容		内容要求	教材内容
主题		主题范畴：人与自然—自然生态—天气与日常生活	单元主题：认识天气 主题意义：不同地区的天气不同，天气对日常活动、穿衣、健康等有影响；要关注天气，提醒家人和朋友根据天气变化及时更换衣物，并为他们提出出行建议；根据天气合理安排日常生产活动
语篇		日常简单对话	谈论天气的对话、故事等
语言知识	语音	尝试借助拼读规则拼读单词	新单词
	词汇	借助图片理解词汇在语境中的意思	cool、cold、hot、warm、rainy、snowy、coludy、sunny、windy
	语法	在语境中感知、体会常用简单句的功能	"What's the weather like in...?" "Can I...?" 句型的运用
	语篇	体会语篇中图片与文字之间的关系	谈论各地不同的天气、天气对生活的影响以及依据天气规划日常活动等的对话、语篇
	语用	在具体语境中与他人进行得体的交流	运用 "What's the weather like in...?" "Can I...?" 句型谈论天气
文化知识		不同国家或文化背景下的学校生活、家庭生活等的异同	中外谈论温度的表达方式的异同
语言技能	理解性技能	在听、读、看的过程中有目的地提取、梳理所需信息，用简单的语句描述图片或事物	提取、理解语篇中有关天气与生活的信息
	表达性技能	大声跟读音视频材料，正确朗读学过的对话、故事和文段，用简单的语句描述图片或事物	谈论天气的能力，比较、描述天气对生活的影响，依据天气规划活动

续表

课程内容	内容要求		教材内容
学习策略	元认知策略	尝试运用多种途径学习英语，遇到问题主动请教	从多方面搜集信息，建立图片与文字之间的联系，能在学习过程中积极参与，围绕主题进行表达、交流
	认识策略	在词语与相应事物之间建立联系	
	交际策略	表达困难时，用简单的手势等手段辅助表达	
	情感管理策略	对英语学习有兴趣	

注：该表是在课程六要素的引领之下对文本内容进行的梳理，为下面目标的确定作好教材内容分析。

3. 对接学业质量标准，初步确定单元教学目标。

课程标准中对学业质量标准进行分级描述的内容为教师确定阶段教学目标提供了非常好的依据，也为教师评估教学目标达成情况提供了很好的标准。一级（3—4年级）学业质量标准中与本课有关的内容如下：

1-4：能通过简单的动画、配图故事等语篇材料了解世界主要国家的风土人情。

1-6：在跟读简短的音视频材料时，能模仿说话者的语音、语调。

1-7：能用简单的语言介绍自己的基本情况和熟悉的事物（如个人喜好、学校生活等）。

1-10：能参照范例，仿写简单句。

1-12：愿意参与课堂活动，与同伴一起通过模仿、表演等方式学习英语。

其中，1-4、1-6指向学习理解层级，1-7指向应用实践层级，1-10、1-12指向迁移创新层级。学业质量标准让我们进一步明白了学生在学完本单元后应该达到怎样的行为程度。

（三）分析学情，确定单元教学目标

1. 学生生活经验分析。

日常生活中学生可以通过看电视、上网、与父母谈话等多种渠道了解天气，但在英语课本中他们是首次接触天气类话题，很多学生还不会根据天气合理安排生活，如合理选择衣着和规划出行等。通过本单元的学习，学生不仅要了解和认识天气情况，还应能根据天气的变化合理安排自己的生活。

2. 教材中主要词汇、句型分析。

对教材中天气相关内容分析如下：

(1) 有关天气的词汇，如 rainy、snowy、windy 等，在教材中是首次出现，学生在预习后能够自主认读这些单词的比例为 15%。

(2) 关于本单元核心句型 "What is the weather like in...", 50% 的学生通过预习和听英文儿歌能够知道句子的大意，但读音不标准。

(3) 关于句型 "Can I...? /Yes，.../ No，...", 学生在学习三年级上册 Unit 5 时曾经作为重点句型学习过，三年级下册 Unit 5 中，该句型再次出现并用于征求他人意见 "是否可以吃某物"，到学习本单元时，80% 的学生已经能够使用该句型来征询他人意见。与以往略有不同的是，本单元出现了新的语境，即用于征求他人意见 "是否可以做某事"。

3. 文化知识分析。

学生对天气主题承载的文化信息，如摄氏度和华氏度的区别、西方国家用天气进行寒暄及不同地区天气是有差异的等，都比较陌生。

基于以上分析，教师可围绕课标、教材和学情以及 Weather 这一单元主题，以学生核心素养为目标，采用层层递进的学习任务推进教学，从 "新授核心语言、奠定表达基础" 到 "发展阅读技能，丰富语言表达"，再到 "整合语言知识，理解文化差异"，"解决核心问题，提升语用能力"，增强学生的学习体验，直至学生可以运用核心语言有逻辑地介绍真实生活中的天气情况，且表达内容完整、语法正确、表达流利，体现为学生在完成本单元学习后应达成的正确价值观、必备品格与关键能力。

根据以上分析，可确定单元教学目标如表4.8。

表 4.8 单元教学目标及对应语篇

单元教学目标	语篇
引导学生介绍国内外不同城市的天气情况，了解不同地区同一时间天气不同的原因	对话 P22-23 P27 （1课时）
学生能用不同的气温度量单位得体地播报世界各地天气情况	P25 P28 （1课时）
学生能根据天气情况为家人或朋友制作"出行小贴士"，介绍当日天气情况，合理规划生活	对话 P24 chant P25 （1课时）
学生能以图文结合的方式设计明信片，与家人或朋友交流某一城市的天气情况、着装及适合进行的活动	语篇 P29 （1课时）
引导学生梳理 Zoom 的旅行故事并续写其旅行故事，讨论天气如何影响人们的生活	配图故事 P31 多模态语篇 （补充文本和视频） （1课时）
利用补充多模态语篇的方式，引导学生讨论如何依据天气科学规划生活，关注气候变化，思考如何保护环境	

注：此表是在前期分析教材内容、课标要求及学情的基础上按照《义务教育英语课程标准（2022年版）》第146页表格样式叙写的单元教学目标。

◖ **Period 1 课时教学目标**

▷ **通过本课时学习，学生能够：**

① 借助视频及自制教具等，掌握常见的天气词汇，了解同一时间世界各地气候存在差异的原因及温度的不同表达方式。

② 在看、听、说的活动中，获取、梳理对话中不同城市的不同天气情况，并能和同伴谈论某个城市的天气情况。

● 核心短语

cool and rainy、hot and sunny、cold and snowy、cold and windy、how about

● 核心句型

－What is the weather like in…?

－It's... (warm, cloudy, cool and rainy)

－Is it...?

－Yes, it is. / No, it isn't.

◀ **Period 2 课时教学目标**

▷ **通过本课时学习，学生能够：**

① 在看、听、说的活动中，借助视频及图片，用 "What's the weather like in...?" "It's..." 句型梳理全球各地不同城市的天气情况。

② 小组内正确运用有关天气的句式 "What's the weather like in...?" "It's..." 谈论全球各地不同城市的天气情况。

③ 通过 "我是天气播报员" 活动，运用所学句式流利地播报世界上不同城市的天气情况，表达得体，语音、语调基本正确。

● 核心短语

hot and sunny

● 核心句型

Here/This is the (world) weather report.

Today it's...in...

◀ **Period 3 课时教学目标**

▷ **通过本课时学习，学生能够：**

① 借助文本图片提示，和同学合作，模仿文本视频的语音、语调分角色表演对话，至少能够运用句型 "Can I...?" "Yes, you can./No, you can't. It's...

outside." 模仿表演核心部分。

② 在创设的情境中，借助图片资源，同伴间交流天气情况并能根据天气情况为他人提出衣着、活动建议。

③ 通过"我是旅行规划师"活动，为有旅行需要的人提供旅行规划（根据天气情况，对出行服装、可进行的活动等提出建议）。

● 核心短语

go outside、take off、put on

● 核心句型

−Can I...?

−Yes, you can./No, you can't. It's... in... today. Put on/Take off...

◀ Period 4 课时教学目标

▷ 通过本课时学习，学生能够：

① 通过观察图片、观看视频、回答问题等，读懂明信片内容，将不同城市、天气和适宜的户外活动进行连线。

② 仿照课文中明信片的格式给 Dad 回信，介绍北京的天气及自己的日常活动。

③ 以图文结合的形式设计明信片，分享不同城市的天气及生活。

● 核心短语

hot and sunny、fly a kite

● 核心句型

Is it... in...?

−Can you...

−I can...

◀ Period 5 课时教学目标

▷ **通过本课时学习，学生能够：**

① 利用思维导图复述 Zoom 的旅行故事并续编其旅行故事 [不同城市的天气情况、旅行的准备工作（衣着、路线等）以及可以进行的活动]。

② 依据补充的多模态语篇（话题可围绕极端天气、全球气候变化等），讨论天气会如何影响人们的生活。

③ 依据补充的多模态语篇（话题可围绕冬奥会、人工增雨等），小组讨论如何科学地利用天气，让其服务于我们的生产和生活。

● 核心短语

have a cold, bless you

● 核心句型

What's the weather like in...?

It's...

It'll be... in...

I'll...

教学活动设计

教学活动要在充分研究课程标准与教材内容、全面分析学情的基础上，提取单元主题意义，依据单元育人蓝图构建目标体系，以单元教学目标为统领，组织各语篇教学内容，规划系列教学活动，引导学生在学习过程中逐步建构对单元主题的认知，发展能力，形成素养。

教学活动设计要践行以学生为主体、以素养发展为目标，知行合一，学以致用的英语学习活动观。英语学习活动观是培养学生核心素养的途径，是以活动为核心组织和实施英语教学的学习理念，倡导在体验中学习、在实践中运用、在迁移中创新。教师应围绕教学目标设计情境真实、指向主题意义探究的学习理解、应用实践和迁移创新活动，活动要融语言、文化、思维和学习能力发展为一体，逻辑严密，循序渐进。

首先，教学活动设计要坚持学思结合，引导学生在学习理解类活动中建构基于主题的结构化知识。

教师要把握感知与注意、获取与梳理、概括与整合等基于语篇的学习理解类活动的要求，通过感知与注意活动创设主题情境，激活学生已有知识经验，铺垫必要的语言和文化背景知识，明确要解决的问题，使学生在已有知识经验和学习主题之间建立关联，发现认知差距，形成学习期待。在此基础上，教师要以解决问题为目的，引导学生通过获取与梳理、概括与整合等活动学习和运用语言知识、语言技能，感知并理解语言所表达的意义，从语篇中获得与主题相关的文化知识，形成新的知识结构。

其次，教学活动设计要坚持学用结合，引导学生在应用实践类活动中内化所学语言和文化知识。

教师要把握描述与阐释、分析与判断、内化与运用等深入语篇的应用实践类学习活动的要求，引导学生在学习理解类活动的基础上，基于所形成的结构化知识开展描述、阐释、分析、应用等多种有意义的语言实践活动，内化语言知识和文化知识，加深对文化意涵的理解，巩固结构化知识，促进知识向能力的转化。从学习理解类活动到应用实践类活动的进阶既可以一次完成，也可以多次循环完成。

再次，教学活动设计要坚持学创结合，引导学生在迁移创新类活动中联系个人实际，运用所学解决现实生活中的问题，形成正确的态度和价值判断。

教师要把握推理与论证、批判与评价、想象与创造等超越语篇的迁移创新类学习活动的要求，引导学生针对语篇的价值取向与作者或主人公的态度和行为开展推理与论证活动，学会分析语篇的文体特征，把握语篇的结构，发现语言表达的手段和特点，并通过分析和思辨评价作者或主人公的观点和行为，加深对主题意义的理解，进而运用所学知识技能、方法策略和思想观念，多角度认识和理解世界，创造性地解决新情境中的问题，理性表达情感、态度和观点，促进能力向素养的转化。

教师要有意识地为学生创设主动参与和探究主题意义的情境和空间，设计由浅入深、关联递进、形式多样的学习活动，使学生获得积极的学习体验，成为意义探究的主体和积极主动的知识建构者，确保达成课程教学目标。

综上所述，《英语》（人教 PEP 版）四年级下册 Unit 3 Weather 中的教学目标和学习活动可总结为表4.9—表4.12。

表4.9 Period 1教学目标及学习活动

教学目标	学习活动
1. 能借助单词卡片和音频、文本视频，正确认读文本图片中4个描述天气的词，按照正确的语音、语调朗读课文。	学习理解类活动： Activity 1 歌曲导入，引入主题。 欣赏歌曲 "What's the weather like today？" 引入本单元主题Weather。 Activity 2 学生学习对话，理解主旨大意，提炼、梳理关键信息。 1. 基于文本图片，预测对话内容，感知新语言。 学生基于图片和已有经验，在教师的启发下预测对话内容，感知新语言。 探究以下问题： 问题1：What can you see from the picture? 问题2：What does Mike want to do? 2. 学生观看对话视频，验证预测，理解对话大意，学习核心句型 "Can I...?" "No, you can't." 。学习核心词汇 cold 和核心语言 "It's cold outside." 。 探究问题：Why can't he go outside? Can you give some suggestions to Mike? 3. 学生观看图片2的对话视频，进一步理解对话细节。学习核心词汇 hot 以及核心句型 "Can I...?" "Yes, you can." ，探究以下问题： 问题1：What does Mike want to have? 问题2：What suggestions does mum give Mike？ Why? 4. 呈现续编情景图，渗透不同的天气对衣着的影响。引导学生探究问题： 问题1：Can Mike go outside after lunch? 问题2：What suggestions does mum give Mike? 问题3：Can you give Mike some other suggestions？ 问题4：What does he feel when he goes outside？（学习 cool） 问题5：What does he feel when they go back？（学习 warm ） 问题6：What suggestions does mum give Mike?
2. 能借助文本图片的提示，和同学合作，模仿文本视频的语音、语调分角色表演对话，模仿表演核心部分。	学习理解类活动： Activity 3 学生跟读对话，通过听音、指读感知、模仿语言。 应用实践类活动： Activity 4 分角色表演对话，巩固核心语言。 借助文本图片的提示，和同伴合作，模仿文本视频的语音、语调分角色表演对话，模仿表演核心部分。 Activity 5 借助板书的思维导图，归纳对话内容，内化语言。

续表

教学目标	学习活动
3. 能在创设的情境中，借助图片资源，与同伴进行对话交流，并根据天气情况为他人提出着衣建议。	应用实践类活动： Activity 6 借助思维导图，在教师引导下思考着衣的基本标准，明白日常生活中应根据天气变化及时增减衣服，明确天气预报的重要性。 Activity 7 Be a weather reporter. 招募"小小天气预报员"。 基于文本图片，运用语言支架 "It's... in... today. Put on/ Take off/ Take your..." 与同伴交流不同城市的天气预报，争当天气预报员，并给予合理的衣着与出行建议。
4. 能制作每日出行小贴士，借助出行小贴士，介绍国内城市的天气情况并根据天气情况给出衣着与出行建议。	迁移创新类活动： Activity 8 为家人制作出行小贴士，借助出行小贴士介绍某一城市的天气情况，并根据天气情况给出衣着与出行建议。 It's... in... today. Put on your...（衣）　　Take your...（物） Have some...（食）　　Go there by...（行）

表 4.10　Period 2 教学目标及学习活动

教学目标	学习活动
1. 借助视频及自制教具等，正确认读、理解常见的日常天气词汇及谈论城市天气情况的句式；按照正确的语音、语调朗读课文。	学习理解类活动： Activity 1 复习导入。 1. Say and do the actions. P 25 Let's chant. 说唱歌谣并做动作，营造氛围。 2. 思考并回答问题：What kinds of weather do you know? 激活已知，进入主题。 3.A Little Weather Reporter. 借助中国地图，介绍相关城市的天气。循序渐进地复习、运用核心语言，为本课学习作好铺垫。 Activity 2 新知呈现（指向目标2、3）。 1. 学生基于文本图片，预测对话内容，感知新语言。 探究以下问题： 问题 1: What can you see from the picture? 问题 2:What are they talking about? 2. 学生观看文本动画，验证预测，把握对话大意。 探究以下问题： 问题 1: Which cities do they mention? 问题 2: What's the weather like in these cities? 3. 学生通过听音选择、听音判断、快速浏览等方式，学习、理解对话中的核心语言，了解不同国家温度的不同表达方式，关注天气对出行的影响。

续表

教学目标	学习活动
1. 借助视频及自制教具等,正确认读、理解常见的日常天气词汇及谈论城市天气情况的句式;按照正确的语音、语调朗读课文。	探究以下问题并在语境中学习 rainy、sunny,理解 degree 的含义: 问题 1&2: What's the weather like in New York/ Beijing? It's...in... 问题 3: Why does Mark think 26 degrees is cold? 问题 4: Why does Mark care about the weather in Beijing? 问题 5: What's Mark's plan? Take ... Go... 问题 6: What suggestions do you have to Mark? Take... Go... Activity 3 跟读对话,通过听音、指读、模仿来熟悉语言。
2. 在教师的帮助下,分角色表演对话,情感饱满,语音、语调基本正确。	应用实践类活动: Activity 4 分角色表演对话,巩固核心语言。
3. 通过活动"我是天气播报员",运用所学句式和同伴交流谈论世界不同城市的天气及日常活动,了解世界各地气候差异及温度的不同表达方式。	Activity 5 借助板书,梳理 Mark 出行关注的信息,将零散的知识内容有意义地联结起来。 Activity 6 基于城市、温度、天气符号等图片信息,学习新词 cloudy、windy、snowy,夯实核心语言。 A: What's the weather like in...? B: It's... and... A: Is it... in...? B: Yes, it is. / No, it isn't. Activity 7 我是天气播报员。 基于图片信息,运用语言支架 "It's... in... You can go / do..." 交流谈论世界不同城市的天气及人们的日常活动,在巩固运用语言的同时,丰富对主题意义的理解。
4. 完成"我为家人来推荐"任务,根据天气为家人推荐国外城市并作好出行安排。	迁移创新类活动: Activity 8 完成"我为家人来推荐"任务,根据天气情况为家人推荐国外城市并制订出行方案,合理选择出行地点、衣着、活动等。 Let's go to... It's... in... Put on your... Take your... We can go... / We can do...

表 4.11　Period 3 教学目标及学习活动

教学目标	学习活动
1. 能在课文配套视频和图片的帮助下梳理、提炼明信片的主要信息。能够按照正确的意群和语音、语调朗读课文。	学习理解类活动： Activity 1 热身导入。 欣赏歌曲 "Thunder"，回答问题： 问题 1：What's the song about? 问题 2：What kinds of weather do you know? 唤起关于天气单词的记忆，调动知识储备，为学习作铺垫。 Activity 2 学习明信片内容，理解主旨大意，提炼、梳理关键信息 根据图片提示，两人一组问答不同国家的天气情况。 A: What's the weather like in...? B: It's... 观察图片，预测信息。 问题 1：Where's John's dad? How do you know that? 问题 2：What's the weather like there? 快速浏览全文，验证猜测。借助相关视频，了解更多有关悉尼的信息，开阔文化视野。 根据已知预测 John 的爸爸在悉尼的活动，阅读文本验证猜测。 问题：What can John's Dad do? Why? 细读文本，画出答案，借助语境学习新词汇 fly。 问题 1：What does dad want to know about John? 问题 2：What kind of weather is suitable for flying kites? 联系生活，思考天气与活动的关系。 Activity 3 跟读课文，通过听音、指读、模仿来熟悉语言。
2. 能够借助思维导图用核心短语和核心句型复述明信片内容。	应用实践类活动： Activity 4 借助思维导图复述明信片内容。
3. 通过阅读有关世界不同城市的明信片，了解并用所学语言谈论世界不同城市的天气及日常活动。能仿照课文中明信片的格式，给 Dad 写回信，介绍北京的天气及自己的日常活动。	应用实践类活动： Activity 5 同伴合作完成阅读及配对连线活动，在班级中谈论不同城市的天气及日常活动。 迁移创新类活动： Activity 6 在教师引导下总结明信片的书写格式，仿照课文给 Dad 写回信，介绍北京的天气及自己的日常活动。

表 4.12　Period 4 教学目标及学习活动

教学目标	学习活动
1. 通过听故事、图片环游等活动理解故事内容，了解故事大意。	学习理解类活动： Activity 1 基于图片和已有经验，在教师的启发下，预测对话内容，了解故事大意。 问题 1：Who are they？ 问题 2：Where are they? 问题 3：What's wrong with Zip? Activity 2 观看故事视频，验证预测，理解故事大意。 Activity 3 通过图片环游、问题引领等，理解故事具体情节。 看图片 1，回答问题：What's the weather like in Beijing? What's the weather like in Dalian? What will Zoom do？了解两地的天气情况以及 Zoom 的出行打算。 看图片 3—5，回答问题：What happened to Zoom? 了解 Zoom 的身体状况。 再看图片 3，思考：Why does Zoom have a cold, too？ 梳理故事细节，在具体情境中理解句子 "It'll be warm tomorrow in Dali." 借助地图理解大理和大连的地理位置不同因此天气也不同，并借助明天的天气预报理解句型 "It'll be... tomorrow in..." 看图片 6，了解西方文化中人们打完喷嚏后说 Bless you，并进行中西方文化比较。 Activity 4 学生听录音跟读，关注录音中人物的语音语调。
2. 能通过思维导图复述 Zoom 的旅行故事并续编 Zoom 和 Zip 的旅行故事（不同城市的天气情况、他们的准备工作以及可以进行的活动）。	应用实践类活动： Activity 5 基于故事内容，进行角色扮演。 Activity 6 分析 Zoom 的人物形象，评价 Zoom 的行为。 Activity 7 利用思维导图回顾故事，并给故事取一个合适的题目。 Activity 8 发挥想象续编故事：代入 Zip 和 Zoom，谈论身体好转后的打算。 We'll go to... to... It will... in... We will wear... We will...
3. 通过老师补充的视频（冬奥会、气象预警等），小组讨论如何让气象服务于我们的生活。	迁移创新类活动： Activity 9 欣赏冬奥会的视频及气象预警等，谈谈天气对我们生活的影响。 It will... tomorrow. I can fly kite. It will... tomorrow. I can't play basketball. It will... tomorrow. I will... Activity 10 如何让天气更好地为我们服务？

此外，续编和改编文本举例如下：

1. Period 1 Let's talk 部分续编文本：

14：30

Mike: Mum, can I go outside now?

Mum: Yes, you can. Put on your hat.

Mike: Oh, it's cool outside. Mum, let's make a snowman.

Mum: Good idea!

Mike: Mum, what time is it?

Mum: It's 4：00. Let's go home.

Mike：It's warm inside.

Mum: Take off your shoes.

Mike: OK.

2.Period 2 B Let's talk 改编文本：

Mark: Hello, Chen Jie. This is Mark.

Chen Jie: Hi, Mark. Are you at home now?

Mark: Yes. It's rainy in New York. I'll go to Beijing tomorrow. What's the
weather like in Beijing?

Chen Jie: It's sunny. It's 26 degrees.

Mark: 26 degrees! Is it cold?

Chen Jie: Huh? No, it's not. It's warm and sunny. You can take your shirt.

Mark: OK. Can we go to the Great Wall?

Chen Jie: Yes, we can.

Mark: Cool!

教学评价设计

发展学生核心素养是英语课程的核心目标，实施单元整体教学则是发展学生核心素养的有效途径。以核心素养为导向的单元整体教学包括单元背景分析、单元目标确定、单元教学评价、教学活动、学后反思等关键设计要素。其中，如何设计、开发既关注过程又兼顾结果的单元教学评价，是当下小学英语教师需要攻克的"技术难题"。

下面以《英语》（人教 PEP 版）四年级下册 Unit 3 Weather 为例，从单元教学评价意义、单元教学评价原则、单元教学评价内容、单元教学评价技术、单元教学评价案例五个方面，探索评价在单元教学中的有效实施策略。

一、单元教学评价意义

单元教学评价对促进学生核心素养的发展具有重要作用。单元教学评价有助于学生不断体验英语学习的进步和成功，更加全面地认识自我、发现自我，保持并提高对英语学习的兴趣和信心；有助于教师获取英语教学的反馈信息，对自己的教学行为和效果进行反思，不断提高教学水平和专业能力，推进课程实施，提升课程育人质量。

二、单元教学评价原则

1. 单元教学评价应以学生核心素养的全面发展为出发点和落脚点，单元教学评价目标和评价方式应与单元教学目标保持一致。

2. 单元教学评价应充分发挥学生的主体作用，让学生成为各类评价活动的设计者、参与者和合作者。

3. 单元教学评价应采用多种评价方式和手段，定性评价与定量评价相结合，使评价全面、准确和灵活。

4. 单元教学评价应充分关注学生的持续发展，着眼于学生现在和未来的发展，体现评价的增值性。

三、单元教学评价内容

单元教学评价旨在考查学生完成单元学习后所达到的核心素养水平，包括单元教学过程评价和单元教学结果评价两个方面。过程评价考查学生参与各项具体学习活动的表现和完成系列学习任务的质量，重点评价学生在核心素养形成和发展过程中，其语言知识与技能发展、文化知识建构、核心策略与方法掌握和运用的程度以及思维能力水平等。结果评价考查学生完成单元学习后，能否综合运用所学的知识技能、方法策略和价值观念，有逻辑地表达思想、观点和看法，并对事物作出正确的价值判断，重点评价学生核心素养的综合表现。

四、单元教学评价技术

1. 开发与单元教学目标体系相匹配的单元教学评价方案。

单元教学评价既包含促进单元教学目标达成的过程评价，即形成性评价（课时评价），又包含检验单元教学目标达成情况的最终评价，即总结性评价。单元教学评价方案由课时教学评价中的一个个任务和单元总结性评价中的一个个任务组成，通过一系列评价任务的完成，诊断目标达成情况，调节教学行为，从而充分发挥评价的调节、激励和导向作用。

2. 开发与单元教学目标体系相匹配的单元教学评价任务说明。

单元教学评价应以学生核心素养的全面发展为出发点和落脚点，评价目标和评价方式应与单元目标保持一致，评价结果应为后续教学决策提供依据。其中评价任务是为达成教学目标和教学效果而设置的与评价目标匹配的检测项目。它通常由任务名称、评价目标、任务描述、评价标准、评价实施及记录工具等部分构成。可以通过以下五个步骤开发评价任务说明。

（1）制定评价目标。

评价目标依据教学目标而制定，预设充分的表现证据。

（2）制定评价任务。

每一个评价任务的名称都要依据评价目标的核心内容制定。

（3）叙写任务描述。

任务描述是评价目标的具体化，是为引出学生学习证据而要求学生做的事。

（4）编制评价标准。

编制评价标准通常包含以下四个步骤。第一步：预想评价中渴望得到的学生表现。第二步：基于目标列出与任务描述匹配的评价框架（维度或指标）。第三步：确定评价类型（标准），列出各指标的表现特征和等级层次。第四步：按照不同类型的结构进行编制。

（5）评价实施。

评价实施通常包括角色（谁做）、条件（怎么做）、任务（做什么）、结果（做成什么样）、时间（做多长时间）等信息要素。

五、单元教学评价案例 ①

以《英语》（人教 PEP 版）四年级下册 Unit 3 Weather 为例，单元教学评价方案见表 4.13。

（一）单元教学评价方案

表 4.13　单元教学评价方案

课时	评价任务	执行时间	备注
一	评价任务 1：理解文本（掌握天气核心语言）	Activity 2、3	课时评价
	评价任务 2：谈论城市天气（巩固天气核心语言）	Activity 7	课时评价
	评价任务 3：城市天气播报（运用天气核心语言）	Activity 8	单元评价 A
二	评价任务 1：理解文本（掌握天气核心语言）	Activity 2	课时评价
	评价任务 2：分角色表演（巩固天气核心语言）	Activity 4	课时评价
	评价任务 3：依据天气提出着衣和活动建议（运用天气核心语言）	Activity 6	课时评价
	评价任务 4：我是旅行规划师（综合运用天气核心语言）	Activity 7	单元评价 B
三	评价任务 1：理解明信片内容	Activity 2	课时评价
	评价任务 2：复述明信片内容	Activity 3	课时评价
	评价任务 3：回复明信片	Activity 4	课时评价
	评价任务 4：设计并介绍新的城市明信片	Activity 5	单元评价 C

---

① 此案例由济南市历城区礼轩小学的边春霞老师提供。

课时	评价任务	执行时间	备注
四	评价任务1：理解故事（天气影响生活）	Activity 3	课时评价
	评价任务2：续编故事（天气影响生活）	Activity 6	单元评价D
	评价任务3：依据天气规划生活	Activity 7、8	单元总体评价

（二）单元教学评价任务说明

1. 单元评价任务 A：城市天气播报。

评价目标：综合运用所学语言，用至少5句话介绍城市天气，介绍内容完整、语音正确、表达流利。

任务描述：首先预先查看城市天气情况并记录，然后在班级内进行模拟播报，用至少5句话进行介绍，内容完整、语音正确、表达流利。最后全班同学根据评价量规对介绍人员进行评价，并记录评价结果。评价标准见表4.14。

表4.14　单元评价任务 A 评价标准

评价维度	评价指标			被评价人员			
	Excellent(E)	Good (G)	Fair (F)	1	2	3	4
语言形式	能灵活运用3种语言表达形式进行播报	根据参考句型，能运用3种语言表达形式进行播报	根据参考句型，能运用2种语言表达形式进行播报，有个别错误				
表现程度	语音正确，语调优美，表达流利，声音洪亮	语音、语调正确，语速较慢但表达连贯，有肢体动作	语音、语调有个别错误，表达中有停顿或重复				
任务完成	能用5句话以上进行介绍，内容完整，介绍有逻辑	能用5句话进行介绍，内容完整	能用至少3句话进行介绍				

参考句型：Here's the world weather. Today it's... in ... It's...degrees.

任务实施：在第一课时 Activity 8 中实施此任务，学生个人单独进行天气播报，全班同学根据评价标准对介绍人员进行评价。

2. 单元评价任务 B：我是旅行规划师。

评价目标：能完成"我是旅行规划师"任务。根据同伴所去城市的天气情况，利用所学天气词汇、核心句型给出合理的出行规划。

任务描述：请同学们四人一组，在任务单上选择自己的旅行地点，然后根据同伴所去城市天气，向其提出合理的衣着、出行等方面的建议。最后组内根据评价量规互评，并记录结果。评价标准见表4.15。

表4.15 单元评价任务 B 评价标准

评价维度	评价指标			被评价人员			
	Excellent(E)	Good (G)	Fair (F)	1	2	3	4
语言形式	能灵活运用所学4种语言表达形式进行推荐	能根据参考句型，运用4种语言表达形式进行推荐	能根据参考句型，运用2种语言表达形式进行推荐，有个别错误				
表现程度	语音正确，语调优美，表达流利，声音洪亮	语音、语调正确，语速较慢但表达连贯，有肢体动作	语音、语调有个别错误，表达中有个别停顿或重复				
任务完成	所推荐衣着、交通等出行建议合理、可行，并有扩充	所推荐衣着、交通等出行建议合理、可行	所推荐衣着、交通等出行建议合理性有欠缺				

参考句型：Put on your...（衣）   Take your...（物）

Have some...（食）   Go there by...（行）

任务实施：在第二课时 Activity 7 中实施此任务，四人一组，小组成员依次发言，同伴根据评价指标进行评价。

3. 单元评价任务 C：设计并介绍新的城市明信片。

评价目标：能仿照课文中明信片的格式，结合所读小短文，运用核心句型设计新的城市明信片。

任务描述：请仿照课文中明信片的格式，结合所读小短文，运用核心句型设计新的城市明信片。然后组内分享，小组成员根据评价标准互相评价，由小组长记录评价结果。评价标准见表4.16。

表4.16　单元评价任务 C 评价标准

评价维度	评价指标			被评价人员			
	Excellent (E)	Good (G)	Fair (F)	1	2	3	4
书写格式	能从字母、字间距、首字母及标点4个方面规范书写，无错误	能从字母、字间距、首字母或标点3个方面规范书写，有个别错误	能从字母、字间距、首字母或标点1—2个方面规范书写，错误较多				
衣着选择	能根据天气合理选择衣着，准确运用核心句型介绍	能根据天气选择衣着，并运用核心句型介绍，但部分衣着选择不合理	能运用核心句型介绍衣着选择，但没有考虑天气的影响				
活动选择	能根据天气选择合适的活动，准确运用核心句型介绍	能根据天气选择活动，并运用核心句型介绍，但部分活动不合理	能运用核心句型介绍活动选择，但没有考虑天气的影响				
语言表达	语音正确，语调优美，表达流利	语音、语调正确，语速较慢但表达连贯	语音、语调有个别错误，表达中有停顿或重复				

任务实施：在第三课时 Activity 5 中实施此任务。首先个人完成，然后组内分享，根据评价标准，组内互相评价。

4. 单元评价任务 D：续编故事。

评价目标：能通过续编故事的任务，帮助 Zip 和 Zoom 根据天气合理安排出行。

任务描述：请同学们自由组合，两人一组，结合故事内容，发挥想象：Zip 和 Zoom 身体好转后会有什么打算？请为他们列举出不同的旅行城市及可以进行的活动，并在全班进行展示。评价标准见表4.17。

表4.17 单元评价任务D评价标准

评价维度	续编评价指标			被评价人员			
	Excellent (E)	Good (G)	Fair (F)	1	2	3	4
语言表达	语音正确，语调优美，能运用所学3种以上语言表达形式流利续编	语音、语调正确，能运用所学3种语言表达形式进行续编，语速较慢但表达连贯	语音、语调有个别错误，能运用所学1—2种语言表达形式进行续编，表达中有停顿或重复				
合理程度	能根据天气情况，从衣着、出行地点和出行活动3个方面为Zoom安排出行	能根据天气情况，从1—2个方面为Zoom合理安排出行	能为Zoom安排出行，但缺乏对天气的考虑				
表演程度	面向全体同学，声音洪亮，表演生动，配合默契	面向全体同学，表现自然，有肢体动作，配合较默契	无肢体动作，配合中有卡顿				

评价实施：在第四课时Acticity 6中实施此任务。学生自由组合，先两人一组续编故事，然后面向全班同学进行展示，同学们根据评价标准进行评价。

第五章

单元整体教学设计
关键点例析

为帮助教师更好地审视自己的单元整体教学设计，我们梳理出 13 个关键点：

☞ 1. 课标的分析和落地

☞ 2. 教材的分析或课程资源的拓展与统整

☞ 3. 学情的分析

☞ 4. 主题意义的确定

☞ 5. 子主题的确定

☞ 6. 目标的合理性、科学性、规范性、可达成性分析

☞ 7. 多个课时之间的逻辑性与进阶性

☞ 8. 表现性评价任务的设计

☞ 9."教—学—评"一致的设计

☞ 10. 跨学科设计

☞ 11. 作业设计是否合理

☞ 12. 育人目标的水到渠成

☞ 13. 深度学习的发生

关键点之一：课标的分析和落地

五年级下册：Unit 1 My day
（人教 PEP 版）单元整体教学设计例析

《义务教育英语课程标准（2022 年版）》在有关课程实施的教学建议里提到："教师要以单元教学目标为统领，组织各语篇教学内容，规划系列教学活动，实施单元持续性评价，引导学生在学习过程中逐步建构对单元主题的认知，发展能力，形成素养。"课程标准从宏观上为我们指明了学生的学习内容。教师只有正确理解和分析课程标准的相关要求，才能保证单元整体教学设计的正确方向。因此，对课程标准的分析和单元整体教学设计的落地就如同为接下来的一系列教学活动开启了导航仪。在《英语》（人教 PEP 版）五年级下册 Unit 1 My day 这一单元的整体教学设计过程中，我们重点聚焦了课标的分析和落地这一关键点。

一、亮点呈现

课标的分析和落地主要体现在通过分析学段目标和课程内容六要素生成单元学习目标上。教师在分析课标之初，要找出课标中与所学单元内容相匹配的原文，然后分析关键动词。分析课标的意义就在于明确能让学生做什么。教师要根据对学习内容和学情等的分析，得出在单元教学结束时对学生表现性评价任务的预期。最后，采用"学生＋动词＋名词（或名词短语）"的方式叙写单元教学目标。

二、亮点分析

（一）分析过程

从学段目标到单元教学目标是课程标准从"应然"到"实然"的落地。我们主要通过以下几个步骤完成对单元教学目标的设定。

1. 对标核心内容。找出课程标准中与所学单元内容相匹配的描述，根据学生实际情况，对标课程标准中的学段目标中关于思维品质和语言技能的内容要求，结合课程内容六要素，选出最为核心的内容。

2. 分析关键动词。分析的意义就在于明确能让学生做什么。在单元教学结束时我们对学生表现性评价任务的预期就基本框定在：通过学习，学生能够仿照范例以某种形式创造性地介绍自己的日常生活。

3. 叙写目标。单元目标叙写的三种成分为：（1）学生能做什么（或能说什么）；（2）学生行为产生的条件；（3）符合要求的评价任务和标准。

（二）设计思路

1. 确定主题，创设情境，搭建框架。

一个单元的主题是什么、为什么是这样的主题，这个单元要学生明白什么、学完后能做什么，要回答这些问题，都离不开主题和主情境。本单元的单元名是 My day，属于"人与自我"的主题群范畴。笔者立足于培养学生合理规划时间、劳逸结合、热爱生活的主题意义，确定了 My colorful day 的单元主题。笔者根据教材各部分的内容确定了四个子主题：Busy weekday、Wonderful weekend、A colorful week、My colorful day。四个子主题分层递进，目的在于让学生通过听、看、读、对比、思考和分析逐渐树立起合理规划时间和劳逸结合的意识。

2. 补充内容，再构文本，丰富语篇类型。

依据课程标准对语篇类型的要求及学生喜欢阅读故事的特点，围绕主题情境，笔者对本单元的泛读内容进行了补充：在第三课时增加了绘本 *Zob is Bored*，保证语篇的多样性和趣味性；在第四课时增加了视频语篇 "Kids' days around the world"，拓宽了学生的思路，促进了他们语言技能和思维品质的发展。笔者还在 Let's talk 的两个主要课本语篇中进行了文本再构，强化子主题之间的关联性，增强子主题之间的逻辑关联。

3. 内化知识，融入文化，培养能力。

在课程标准课程内容要求的语言知识部分，二级要求中，出现最多的几个关键词是"语境""理解""运用"和"表达"，这几个词语是相互关联且递进的。本单元的语用活动中，将语音嵌入词汇学习中，将词汇学习嵌入对情境的理解中，将语法知识渗透在对语篇的理解中，层层包含，避免了学习脱离语境。依托四个精读语篇和两个泛读语篇，让学生在阅读中体会和对比差异，并在实践活动中将所学语言知识和文化知识相融合。如第一课时中的表现性评价任务是讲述西班牙人 Pedro 的生活，并结合自己的生活讲一讲中国小学生的校园生活和习惯，这样能使学生在真实语境中运用知识，体验文化差异，从而提升学生的综合语言素养。

4. 理解为先，激活策略，提升思维。

理解主要有两方面的表现，一是"意义建构活动"，即学生能够主动建构新知识与旧知识之间的联系，利用已知从新信息中创生意义，通过推断和练习获得深层次的理解；二是"学习迁移活动"，即学生能够将理解、知识和技能有效运用到新的情境中，并逐渐降低对相应指导或提示的依赖，直到完全不需要他人的扶持。[①]在本单元的大任务驱动下，学生在做每节课后的子任务时，需要结合自己的日常生活来完成，而且需要不断复现上节课所学的语言知识。例如第一课时的子任务是讨论学校生活的一个小对话；第二课时是对第一课时的补充，评价任务是讨论周末活动；第三课时要求结合工作日和周末的对话来完成任务；第四课时通过对前几个课时的复现和补充，要求积极调控已有知识储备，进行归纳整理，完成单元大任务。

在学习目标和教学思路的设计过程中，要以课程标准为指导，将教材思维转化为课程思维，实现课程目标在具体教学过程中的落地。

（济南市：甘琳琳　贾克云）

[①] [美]杰伊·麦克泰、[美]格兰特·威金斯著：《理解为先　单元教学设计实例》，宁波出版社2020版，第2页。

四年级上册：Unit 4 Seasons
（鲁科版）单元整体教学设计例析

《义务教育英语课程标准（2022 年版）》建立了从培养目标到课程标准，再到教学目标的层级化树人目标体系。华东师范大学的崔允漷教授指出："如果说教育目的（培养目标）是'想得到的美丽'，那么课程标准就是'看得见的风景'，而教学目标就是'走得到的景点'。"[①] 课标的分析和落地，旨在将抽象的目的逐步分解为具体的目标，让"立德树人"根本任务的落实有清晰、可操作的路径。在《英语》（鲁科版）英语四年级上册 Unit 4 Seasons 的单元整体教学设计过程中，我们重点关注了课标的分析和落地。

一、亮点呈现

在本单元的整体教学设计中，我们通过对课标进行分析，明确了学生"学什么""怎么学""学到何种程度"，规划了单元教学育人蓝图，构建了单元重建后的由单元教学目标、语篇教学目标和课时教学目标组成的目标体系；以英

---

① 崔允漷：《义务教育课程标准的"两大突破"》，《人民政协报》2022 年 8 月 17 日。

语学习活动观为指导，设计了有效、有用、有趣的课堂教学活动，力图实施由目标、活动、评价相统一的教学，引导学生赏四季、悦生活，提升学科育人价值。

二、亮点分析

（一）对课标的分析，为单元整体教学设计提供依据

课程标准是实施课堂教学的重要依据。山东省教育科学研究院的杨璐老师指出，课标是需要分解和调整的，解构标准是将一个宽泛的标准、目标或者基准打破，把它转化为更小、更具体的，能够引导日常教学的学习目标的过程。

在进行课标分析时，我们首先对课程标准中与所学单元对应的学段目标、课程内容、学业质量标准进行了摘录和研究。我们发现，不管是学段目标还是课程内容，都要求学生能够与他人合作："能在学习活动中尝试与他人合作"；"乐于与他人共同完成学习任务"。因此，我们对以下问题进行了深入思考：本单元学生共同的学习任务是什么？如何引导学生更好地完成学习任务？通过对课标、教材、学情等进行整体分析，我们将本单元的大任务确定为"制定并展示不同季节的齐文化研学旅行活动"，其中包括"赏齐四季之美""享齐四季之乐""探齐四季之韵""传齐四季之魂"四个子任务，对应四个课时，以任务驱动的方式带动学生深度参与。鉴于此，我们对本单元的教学内容进行重组，明确学生"学什么"；以英语学习活动观为指导，明确学生"怎么学"；设计评价任务和评价量表，明确学生"学到什么程度"。如表1所示。

表1　课标解读

学生学什么	学生怎么学	学生学到什么程度
在本单元学生学习季节的四个语篇，包括改编后的配图短文 "It's spring in Linzi."，改编后的对话语篇 "What season do you like?" 绘本故事 "I am a bunny." 以及介绍临淄四季的语篇 "Welcome to Linzi."。学生观看有关"齐八大景"的图片和视频，赏析中华古典诗句，欣赏四季英语诗歌，了解二十四节气及四季形成的原因，学习春生、夏长、秋收、冬藏的内涵。	学思结合，借助多语篇的学习，有目的地提取、梳理所需信息，从天气、颜色、穿衣、活动等方面感知并描述四季的变化。学用结合，借助绘本阅读、制作并完善研学旅行手册等实践活动内化语言和文化知识，加深对主题意义的理解。学创结合，基于主题，利用小诗、短文、手抄报、连环画等形式，用英语介绍自己的研学情况，借助本单元目标语言介绍临淄，完成"我为临淄代言"研学实践汇报活动，传播齐文化。	通过观看有关家乡四季的视频，了解四季的名称及特点；通过区分常见的四季有代表性的花卉等评价任务，将所学内容与生活常识紧紧联系在一起；结合自己家乡的特色景点进行介绍，使所学新知识与真实生活紧密连接；通过制订研学计划、运用所学向游客介绍临淄、为家乡临淄代言等系列评价活动，在真实的任务驱动下，培养起爱家乡、爱祖国的情感。

注：此表结合学段目标、课程内容、学业质量标准，从三个层面进行解读。

（二）课标的落地，促进核心素养综合表现的达成

《义务教育英语课程标准（2022年版）》在教学建议中指出："依据单元育人蓝图实施教学，要构建由单元教学目标、语篇教学目标和课时教学目标组成的目标体系。"笔者在进行单元整体教学设计时，关注了以下四个方面。

1.规划单元教学目标，明晰单元发展路径。

ABCD教学目标陈述法为我们叙写教学目标提供了有益的借鉴。围绕行为主体（学生）、行为表现（动宾结构）、行为条件（具体）、表现程度（可测）这四要素，我们重点思考"通过什么样的过程与方法，指导什么或会做什么，经历、体验或表现什么，提高、形成或发现什么"，来撰写本单元的教学目标，如表2所示。

表 2　单元教学目标及对应语篇

教学目标	语篇
1. 在"齐八大景"情境中，借助音视频资料，从不同角度观察、识别不同季节的特点，体验并描述四季变化。	1. 配图短文 It's spring in Linzi.（1 课时）
2. 结合临淄齐文化景点的特点和四季的相关知识，介绍临淄四季之美，有条理地表达喜欢的季节及原因，享受英语学习中的乐趣。	2. 对话语篇 What season do you like?（1 课时）
3. 探索临淄与其他地区四季及文化的不同，积极提出问题，主动与他人合作，制订自己组内的研学旅行计划，增强对家乡文化的认同感，热爱自己的家乡和文化，通过对课外绘本的阅读，拓展对四季的认知。	3. 绘本故事 I am a bunny.（1 课时）
4. 在教师的指导和帮助下，用小诗、短文、手抄报、连环画等方式记录家乡四季的变化，为家乡临淄代言。	4. 研学汇报 Welcome to Linzi.（1 课时）

2. 优化单元学习内容，落实语篇教学目标。

在定好单元教学目标后，我们在课程内容方面优化整合了单元学习内容。Lesson 1 配图短文，学习对四季的表达，渗透四季的文化知识，赏齐四季之美；Lesson 2 对话语篇，学习四季适宜的活动及对穿衣的表达，享齐四季之乐；Lesson 3 补充绘本，发掘在不同季节可以做的各种有趣的事情，探齐四季之韵；Lesson 4 研学汇报，展示研学所见所闻，介绍齐地四季之不同，传齐四季之魂。整个单元设计注重了工具性和人文性的统一，教会学生梳理、应用目标语，为齐四季代言。

3. 践行英语学习活动观，达成课时教学目标。

课程标准强调，不能在脱离语境的情况下孤立地学习语言知识，语言知识的学习要与语言知识的运用有机地结合起来。[①] 本单元的分课时教学设计注重

---

① 程晓堂著：《改什么？如何教？怎样考？ 义务教育英语课程标准（2022 年版）解析》，外语教学与研究出版社 2022 年版，第 31 页。

把语言知识落实于听、说、读、看、写等语言实践活动之中，通过音视频及图片、诗句赏析，渗透了中华优秀传统文化知识，激发了学生欣赏齐四季之美的热情，指导学生制作了研学旅行手册并开展了汇报交流，让学生在体验中学习、在实践中运用、在迁移中创新，以英语学习活动观指导教学设计与实施，达成课时教学目标，提高英语课堂实效。

4. 整体实施持续评价，跟进反馈整体育人。

课程标准体现出新时期育人方式变革的时代要求，旗帜鲜明地将课程从"学科立场"转向"教育立场"。[①] 教学育人离不开评价，教师要准确把握教、学、评在育人过程中的不同功能，树立"教—学—评"一致的整体育人观念。在本单元中，每节课的学习目标都有对应的评价内容和评价方法，通过课堂问答、绘本学习、研学活动，将评价融入学习过程中，并通过评价量规，让学生了解到"自己在哪里""要到哪里去"以及"怎样去那里"，确保单元教学目标的实现。

心中有课标，眼中有学生，脚下有路径。课标的分析和落地，为单元整体教学设计提供了依据，促进了学生核心素养综合表现的达成，让立德树人的路径清晰可见。

（淄博市：姜叶青　朱红梅）

---

① 余文森、龙安邦：《论义务教育新课程标准的教育学意义》，《课程·教材·教法》，2022年第6期。

关键点之二：教材的分析或课程资源的拓展与统整

六年级上册：Unit 3 My weekend plan
（人教 PEP 版）单元整体教学设计例析

基于单元主题意义、融合课内外资源开展教学，是落实核心素养的有效途径，不仅能有效激活学生思维，还能发展学生用英语解决实际生活问题的能力，真正体现英语学科的育人价值。

《义务教育英语课程标准（2022 年版）》明确指出，课程资源开发与利用应遵循以下原则：充分利用和有效开发教材资源；突破教材的制约，合理开发教材以外的素材性资源；注重开发和利用学生资源；大力开发和利用数字学习资源；注重课程资源开发与利用的实效性。[①]

在设计《英语》（人教 PEP 版）六年级上册 Unit 3 My weekend plan 的单元整体教学内容时，我们尤为关注对课程资源的整合，力图帮助学生建构大单元框架，超越文本，走向生活，提升学生的核心素养。

---

① 吉桂凤、史明娟：《小学英语教学中融合课内外资源的实践》，《中小学外语教学（小学篇）》，2022 年第 12 期。

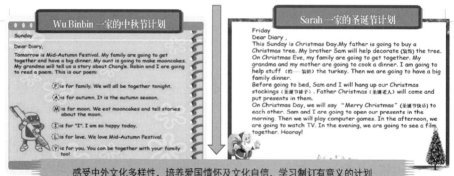

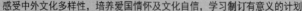

图 1　资源整合后的教材内容

一、亮点呈现

本单元聚焦 My weekend plan，以连续性文本为主，辅以多模态语篇，给出了制订计划并有效落实的方法。基于对教材的深入分析，笔者将本单元的育人价值定位为：学生通过本单元的学习，能够制订合理的计划，并用所学语言介绍、讨论自己和家人的计划，学会在实施计划时及时调整、落实行动。

单元现有文本在帮助学生形成计划安排大观念上存在以下不足：My weekend plan 四个语篇不仅文本内容和语言知识具有较高相似度，而且情境较为单一，皆为制订计划，不利于引导学生挖掘语篇的育人价值。

基于以上问题，笔者将教材原语篇打破重组，并补充两篇配图故事（*Go for a trip* 和 *Sally's plan*）及一篇叙事性日记（"Sarah's Christmas plan"）等素材性资源，引导学生从"认识计划的重要性"到"主动制订计划，合理安排学习与生活"，再到"制订有意义的计划，树立正确的价值观"，最终能够"根据既定计划，落实具体行动，在实践中学习"，形成了"树立意识—落实行为—形成态度—付诸行动"这一层层递进的育人价值体系。

在进行单元整体教学设计时，教师要充分挖掘学生资源，辅以多样化的数字学习资源，辅助学生有效构建"合理计划，有效落实，勤于实践，积极反思"的计划观。

二、亮点分析

（一）重组教材资源，补充素材性资源，构建完整的计划观

本单元原教材资源主要包括四篇日常对话（两篇 Let's talk 和两篇 Let's

learn)、一篇叙事性日记（Read and write）和一篇配图故事（Story time），笔者在此基础上进行打破重组，并补充了三篇素材性资源。

第一，针对 A Let's talk 部分补充绘本故事 *Go for a trip*，以体现制订计划的重要性；第二，把 A Let's learn 部分和 B Let's learn 部分进行整合，创编新语篇 "Make a better plan"，引导学生制订计划时遵循 SMART（S=Specific、M=Measurable、A=Attainable、R=Relevant、T=Time-bound）原则；第三，B Read and write 部分，增加 "Sarah's Christmas plan"，旨在引导学生感知与体验中外文化的多样性，进一步培养爱国主义情怀和文化自信，并学会制订有意义的计划；第四，C Story time 部分，补充与寒号鸟有关的绘本故事 *Sally's plan*，意在让学生感知计划不及时落实的后果，帮助学生树立积极落实计划的意识，同时为挖掘 Story time 的育人价值作好铺垫。整合后的单元内容见表1。

表1　整合后单元内容

课时	语篇	语篇类型	语篇内容	主题意义
Lesson 1 Talk about the plan	A. Let's try A. Let's talk	对话	Mike 和 Sarah 讨论周末计划	感受计划
	Go for a trip	故事	Bob 一家因未制订出行计划，未能成功出行	感受制订计划的重要性
Lesson 2 Learn to make a plan	B. Let's try B. Let's talk	对话	Amy 帮 John 改进他的"观影"计划	学习制订计划：Where、When、What
Lesson 3 Make a better plan	A. Let's learn B. Let's learn B. Let's check	对话	John 和 Jack 讨论出行计划	学习如何遵循 SMART 原则制订计划
Lesson 4 Make a meaningful plan	B. Read and write B. Tips for pronunciation	叙事性日记	Wu Binbin 一家的中秋节计划	学习如何制订有意义的计划，并培养爱国情怀及文化自信
	"Sarah's Christmas plan"	叙事性日记	Sarah 一家的圣诞节计划	感受和体验中外文化的多样性

续表

课时	语篇	语篇类型	语篇内容	主题意义
Lesson 5 Carry out the plan	*Sally's plan*	配图故事	寒号鸟因不及时落实计划而冻死	感知计划不及时落实的后果
	C. Story time B. Let's wrap it up	配图故事	Zip 帮 Zoom 有效落实游泳计划	学习如何落实计划、树立积极落实计划、在实践中学习的意识
资源落实效果	在整合教材资源并补充素材性资源后，单元内容更具有递进性和综合性。主题意义更加明确，学生能够感知计划的重要性，树立制订计划的意识，依据 SMART 原则制订完善、有价值的计划，并积极落实计划，在实施计划时及时调整，落实行动。			

下面以第三课时为例，简要概述教材重组及资源利用过程。

基于教材、学情整合重组对话语篇，教师通过询问 "Where are they going?" "What are they going to buy?" "When are they going?" "Why are they going?" 等问题，帮助学生梳理 John 和 Jack 活动计划的细节，带领学生学习制订计划的 SMART 原则，并引导学生根据 SMART 原则规划自己的学习和生活。

（二）充分挖掘学生资源，有效激活学生已知

课程标准指出，学生资源包括每个学生的生活经历、学习体验以及他们丰富的思想和情感。教师应充分认识、开发和利用好学生资源，通过创设开放性的师生、生生互动的交流与分享平台，有效激活并利用学生已有的知识、经验及其想象力和创造力。笔者在 My weekend plan 单元整体教学设计中使用的学生资源及落实效果情况见表2。

表2　学生资源使用情况及落实效果

课时	学生资源使用情况	教学效果
第二课时	小组合作，进行 time、place、activities 三类词汇的头脑风暴	学生能够激活相关知识、经验，并根据生活实际，合理制订周末计划，并运用所学语言交流他人周末计划
	规划、制订周末计划，完成思维导图并调查同伴的周末计划	

续表

课时	学生资源使用情况	教学效果
第三课时	基于已有经验，自由讨论周末计划 根据 SMART 原则制订周末计划思维导图，并谈论组内其他成员计划	学生能够依据 SMART 原则制订科学、合理、符合自身实际的周末计划
第四课时	基于已学知识，复习节假日单词； 借助语言支架，谈论在喜欢的节假日里经常做的事情及感受 设计思维导图，制订春节计划	学生能主动分享个人对该主题的已有知识、经验，并基于春节习俗，制订春节计划
第五课时	联系实际生活，书写自己 Learn by doing 的经历，小组交流并分享	学生可以调动已有生活经历，深刻感悟"做中学"的道理

（三）丰富数字资源，增强学生学习的实效性

数字资源与英语课堂教学融合不但能为学生创建学习英语的多模式线上、线下学习平台，提升学生学习英语的兴趣，激发学生主动探索新知识的意识，还能培养学生的英语学科核心素养。数字学习资源类型包括音频、视频、图片等。本单元整体教学设计中使用的数字学习资源及落实效果情况见表3。

表3　数字学习资源使用情况分析

资源类型	数字学习资源使用情况	教学效果	使用频次
视频	欣赏歌曲视频，引入主题	学生可感知新语言，提高学习积极性	2
	观看文本视频，学习新知	学生能够通过视频感知文本，处理细节信息	5
	观看绘本视频，感知故事大意，了解细节信息	学生能够通过视频感知文本，处理细节信息，并感悟落实计划的重要性	3
	观看中秋节视频，引出话题	学生能够更深层次地了解中秋习俗	1

续表

资源类型	数字学习资源使用情况	教学效果	使用频次
音频	听录音跟读文本	学生能够模仿正确的语音、语调	5
	听录音，处理文本信息	学生能够提升听音提取关键信息的能力	2
	听录音，学习单词重读和连读	学生能够关注朗读的节奏，学习连读、重读等	1
图片	基于图片，预测文本内容	学生能够通过观察图片获取信息	4
	借助图片，学习词汇，突破难点	学生能够直观、形象地获取信息，理解词汇	2

　　小学英语教师基于主题意义开展关于课程资源整合的探索，能够更好地发挥单元整体教学模式多元化的优势，能够引领话题、启发思维、丰富主题、提升核心素养、加强情感体验，最终落实立德树人这一根本任务。

（滨州市：王亚囡　李秀秀　冯晓　贾文颖　王思明）

关键点之三：学情的分析

六年级上册：Unit 2　Ways to go to school
（人教 PEP 版）单元整体教学设计例析

　　学情是指影响学习效果的学生信息。教学目标是教师在分析课标、解读教材、充分了解和分析学情的基础上制定的。教师能否科学精准把握学情决定了教学目标的设计是否合理、有效、科学，教学目标的设计又决定了素养的落实和发展，因此学情分析至关重要。

　　教学设计模式包含四个基本要素：学习者、学习需求（学习目标）、 教学策略、教学评价。教学系统的服务对象是学习者。为了做好教学工作，必须认真分析、了解学习者的情况，掌握他们的一般特征和初始能力。这是做好教学设计的基础。

一、亮点呈现

　　常用的学情分析方法有统计学分析法、教学现场观察法、访谈法、问卷调查法等。本文将采用问卷调查法进行精准的学情分析。笔者以分课时教学目标的达成、学生核心素养的发展为目的，综合考虑学生生活经验、文化认知、知识基础，结合单元主题 Traffic and life 设计了问卷内容；依照"设计问卷—实施调查—收集结果—分析数据—总结学情"的流程完成学情分析,并以此为基础确立单元教学目标,做到了使单元教学目标的设计以学生现实需求为依据、为学生设计。

二、亮点分析

调查问卷围绕"学生日常出行方式,学生对国内外不同地区儿童上学交通方式的认知,学生在交通方式、规则、标识及频度副词等方面已有的知识基础"设计。用小程序发放问卷,可以全面、具体、精确地进行数据分析并概括学情。笔者力图通过教学达成让学生"知道如何选择出行方式,了解交通法规,讨论出行方式的多样性,懂得绿色、安全、文明、多元出行对生活的重要性并付诸行动"的核心素养目标。具体步骤如下。

(一)设计调查问卷

调查问卷的设计要根据调查目的提出调查问题和可供选择的答案。本次问卷调查的目的是了解学生在交通方式、规则、标识及频度副词等方面已有的知识基础,了解学生日常出行方式、出行考虑的因素以及学生对交通文化的了解。笔者依此设计了15道调查题目,以下为问卷文本。

小学英语六年级上册 Unit 2　Ways to go to school 的问卷调查

亲爱的同学们,你们好!

本调查是为帮助同学们更好地开展 Unit 2 Ways to go to school 的学习而进行的,回答没有对错之分,根据个人的实际情况和真实想法作出回答即可。

1.上学与放学时,你最常用的交通方式是什么?

A.步行　　　B.坐校车　　　C.乘私家车

D.乘电动车　　E.乘公共汽车　　F.乘出租车

2. 你选择如上交通方式上学的原因是什么?

　　A. 方便　　　　B. 快速　　　　　C. 距离远 / 近　　D. 费用低

　　E. 环保　　　　F. 安全　　　　　G. 其他 ＿＿＿＿＿＿

3. 短途出行, 你最喜欢什么交通方式?

　　A. 步行　　　　B. 乘坐公共汽车　C. 乘私家车　　　D. 坐电动车

　　E. 乘地铁　　　F. 乘出租车　　　G. 其他 ＿＿＿＿＿＿

4. 短途出行, 你选择如上交通方式的原因是什么?

　　A. 方便　　　　B. 舒适　　　　　C. 费用低　　　　D. 环保

　　E. 安全　　　　F. 其他 ＿＿＿＿＿＿

5. 长途出行, 你最喜欢什么交通方式?

　　A. 乘地铁　　　B. 乘公共汽车　　C. 乘私家车　　　D. 乘出租车

　　E. 乘船　　　　F. 乘火车　　　　G. 乘飞机

6. 长途出行, 你选择如上交通方式的原因是什么?

　　A. 方便　　　　B. 舒适　　　　　C. 费用低　　　　D. 环保

　　E. 安全　　　　F. 其他 ＿＿＿＿＿＿

7. 出行时, 你认为最重要的是什么?

　　A. 心情愉悦　　B. 安全　　　　　C. 舒适

　　D. 环保　　　　　　　　　　　　E. 其他 ＿＿＿＿＿＿

8. 你了解哪些交通规则? 请列举。＿＿＿＿＿＿＿＿＿＿＿＿＿＿＿＿＿＿＿＿

9. 你认识哪些交通标志? 请列举。＿＿＿＿＿＿＿＿＿＿＿＿＿＿＿＿＿＿＿＿

10. 你了解不寻常的交通方式吗?

　　A. 否

　　B. 是

若是，请列举你了解的不寻常的交通方式：

_____

11. 你了解导致这些不寻常的交通方式出现的原因吗？

    A. 否   B. 是

    请举例说明：

_____

12. 你了解其他国家的、特别的交通规则吗？

    A. 否   B. 是

    请列举你知道的其他国家的、特别的交通规则：

_____

13. 你所了解或认识的交通方式有哪些？

    A. by bus   B. by car   C. by bike   D. by subway

    E. by train   F. by plane   G. by ship   H. by ferry

    I. by sled   J. on foot   H. by taxi

14. 你认识哪些频度副词并知道它们的意思？

    A. often   B. usually   C. sometimes

    D. always   E. never

15. 你能将以下交通标志或规则与相应图片匹配吗？

_____   _____

    A. stop   B. subway

    C. Don't touch the door.   D. Don't turn right.

（二）调查并收集数据

在进行教学设计之初，笔者以某校六年级 4 个班的 162 名学生为调查对象，通过某小程序对学生进行了问卷调查。共发出问卷 162 份，收回 158 份，其中有效问卷 158 份。以下是问卷题目及调查结果举例：

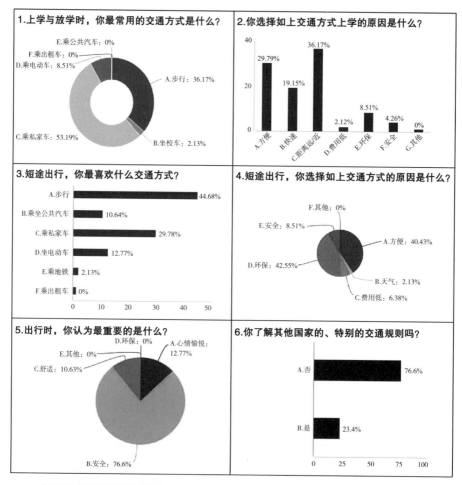

（三）进行数据分析

1.1—6 题，调查学生对不同交通方式及其特点的了解程度，了解学生能否选择健康、有效率的出行方式。调查显示学生上学方式比较单一，多为步行、乘坐私家车或乘坐校车。学生具有绿色出行的意识，但仅停留在认知层面，并没有付诸实际行动。

2.7—9题，调查学生对交通规则和交通标志的认知程度及安全出行意识。调查可见多数学生只关注交通信号灯，对于路边的交通标志等关注度明显不够，或看到了也不太清楚表达的意义。学生有安全文明出行的意识，但并不一定有正确的行动。

3.10—12题，调查学生对不同寻常的交通方式的了解程度。结果为90%的学生有交通安全意识，但是对于不同国家、特殊地域的交通文化了解很少。

4.13—15题，调查学生在交通方式、规则、标志及频度副词等方面已有的知识基础。调查统计显示85%的学生认识全部交通方式，其余学生对 by ferry、by sled、by ship、by train、by subway 中的几个短语不熟悉；学生对频度副词的认知率达93%，个别学生不认识 always、never、usually；学生对交通标志的认知率达100%。

（四）总结概括学情

综合以上问卷调查结果，确定学生学情为：

1. 对常见交通方式如 by bus、by car 等比较熟悉，而对 by sled 等不太常见的交通方式并不熟悉。

2. 对 often、sometimes 普遍认识，部分学生对 always、never、usually 不熟悉。

3. 理解交通标志的含义，但日常生活中由于多采取坐车或步行等单一上学方式，因此对交通标志并不关注。

4. 大部分学生有绿色出行的意识，但仅停留在认知层面，并没有付诸实际行动。

5. 对于其他国家，尤其是特殊地域的交通文化了解很少，地理知识和跨文化意识不足。

（五）确定教学目标

根据课标解读和语篇研读，结合以上学情分析，确定单元教学目标为：

学习本单元之后，学生能够：

1.结合不同的出行情境，综合考虑地理位置、距离、生活习惯、低碳环保等因素，运用所学语言讨论对出行方式的选择，树立绿色出行的意识。

2.在语境中，从安全、文明等多角度出发进行思考，运用所学语言知识与同伴交流出行问题，树立安全文明出行的观念。

3.小组合作，借助配图故事与视频，梳理不同地域的交通文化，设计安全文明旅行手册，在班级中交流、评选，并在校内进行宣传，践行安全文明出行观念。

4.借助视频短片，获取并梳理更多不同地域儿童的上学方式及原因，分享对多元化出行方式的看法，深化对交通与生活主题的认知。

本单元整体教学设计通过问卷调查的方式辅助进行学情分析，判断学生已知、学习难点和发展点，整体规划单元教学目标和课时教学目标，使得目标的确立更加客观、准确、全面。在后面的教学过程中可以看出，本单元的教学目标设计层层递进，育人目标得以实现，学生核心素养在课时教学中不断提升。

（青岛市：刁云侠　李雪燕　冷丽丽　魏延丰）

关键点之四：主题意义的确定

六年级上册：Unit 2 Ways to go to school （人教 PEP 版）单元整体教学设计例析

《义务教育英语课程标准（2022 年版）》提出，教师要强化素养立意，围绕单元主题，充分挖掘育人价值，确立单元育人目标和教学主线；引导学生基于对各语篇内容的学习和主题意义的探究，逐步建构和生成围绕单元主题的深层认知、态度和价值判断，促进其核心素养综合表现的达成。

因而学生对主题意义的探究应是其学习语言时最重要的内容，英语课程应该把对主题意义的探究视为教与学的核心任务，引导学生参与主题意义的探究活动，以此整合学习内容，引领学生语言能力、文化意识、思维品质和学习能力的融合发展。

一、亮点呈现

本单元整体教学设计从课程实施角度出发建立起话题与学生生活的关联，思考该话题对学生生活和做事方面的指导意义，确定并探究单元主题意义——树立并践行绿色、安全、文明出行观念，引导学生运用所学知识解决现实生活中的问题，形成关于交通与生活主题的正确态度和价值观念，提升学生核心素养，落实本单元的育人任务。

二、亮点分析

（一）聚焦主题，梳理单元意义主线

从话题的角度看，本单元语篇内容主要围绕不同生活情境下的交通方式、交通安全和不同地域的交通文化展开。深入研读语篇，不难发现：语篇一、二通过 Miss White 与孩子们交流对个性化的交通方式的选择以及考虑因素传递了绿色出行的观念；语篇三、四、六通过上下车、过马路等不同的交通情境呈现中外个性与共性的交通规则，传递自觉遵守交通法规的观念；语篇五通过不同地区学生的不同上学方式，体现了交通的地域性与差异性。无论是对出行方式的选择，还是对交通法规及交通地域性、差异性的了解，都与学生的日常生活息息相关。

通过对语篇主题的挖掘和对语篇意义关联的分析，可以清晰地看到单元内不同模态的语篇共同聚焦了"交通与生活"这一主题。由此，笔者从单元整体的角度梳理出意义探究主线，即"认识不同的交通方式及特点，合理选择交通方式，绿色出行—了解交通法规对生活的重要性，安全出行—了解不同地区交通方式的差异，思考多元出行的必要性"，最终建构起对"树立并践行绿色、安全、文明出行观念"这一主题意义的认知。

（二）践行活动观，进阶式探究主题意义

1. 创设情境，初识主题意义。

对主题意义进行探究要借助相关情境，特别是真实的情境。真实的情境更能够加深学生对主题意义的理解。单元整体教学设计更不能脱离真实情境与具

体任务。①

在本单元整体教学设计案例中，笔者借助图片、视频、音频等创设与单元主题高度相关的情境，增强导入内容的趣味性，渗透单元主题，并通过一连串紧密联系的问题进行互动问答，调动学生在特定主题下的语言知识和文化知识，提升他们基于主题的表达能力。例如，第一课时，教师首先让学生浏览自己生活社区的地图，并提出以下问题：

问题1: Where is your home?

问题2: How can you get to school?

问题3: What will you consider if you choose the way to school?

教师借助真实的社区地图与学生的生活建立关联，在滚动复现语言知识的同时，通过问题驱动，自然切入日常上学时对交通方式的选择。根据学生的回答，教师适时引入 low-carbon、weather、distance、safety 等相关话题词汇，使学生在互动交流中初步感知单元主题意义，为后续的进阶式学习活动指明了价值导向。

2.综合多模态语篇，深入理解主题意义。

本单元整体教学设计案例中，笔者融入了基于主题的图表、音频、视频等多模态语篇，引导学生在听、说、读、写、看的过程中，分享与交流自身对于交通与生活主题的观点，评价他人的交通行为。学生在交流、评价、反思的实践活动中实现对主题意义的深层、多元理解，从而达到深度学习的效果。

3.循序渐进，推进主题意义探究。

在带领学生理解语篇意义的基础上，教师通过分析、应用、迁移、创造等认知活动，开展意义探究，确保成果输出，并为下一课时的学习作好铺垫。学生

---

① 崔允漷：《如何开展指向学科核心素养的大单元设计》，《北京教育（普教版）》，2019年第2期。

对单元大主题的认知层层深入，逐步探究、建构主题意义。

第一课时，学生阅读绘本 *Why is Lorna upset* 时，借助视频感受选择不同交通方式对环境的影响；在交流国庆节旅行计划的任务活动中，学生通过选择自己的旅行出行方式，领悟低碳环保的价值观念；课后小组合作时，学生在进行问题调查后绘制出行方式条形统计图，为单元后续任务作好铺垫。

第二课时，学生借助前一课时的出行方式条形统计图讨论自己在不同情况下选择的不同出行方式及考虑因素，教师根据学生围绕此话题的交流反馈，引入安全出行的话题。学生在为外国游客提供出行建议的活动以及课后制作安全、文明交通主题海报的活动中，通过观察与分析，创新所学语言知识，将学习与生活、语言与实践相结合，在绿色出行的理念基础上，切实落实安全、文明出行理念。

第三课时，学生梳理地域交通文化，借助视频，通过对比、分析等思维活动，深入思考多元出行的必要性。课后，通过完成梳理地域交通差异、提供交通建议的综合性任务活动，实现语言知识、价值观念的整合性输出。

综上所述，在不同层次的任务推进活动中，学生始终是单元主题意义探究的主体。在教师引导之下，学生在一系列基于单元主题意义的探究活动中，将绿色、安全、文明出行意识转化为低碳环保、安全、文明出行的实际行动，实现情感态度和价值观念的升华，充分体现了对单元主题意义的有效建构和进阶式落实。学生在探究主题意义的过程中，也实现了语言能力、思维品质和价值观的协同发展。

（青岛市：刁云侠　冷丽丽　李雪燕　魏延丰）

四年级上册：Module 10
（外研新标准版·一年级起点）单元整体教学设计例析

《义务教育英语课程标准（2022年版）》倡导推动整体教学："教师要强化素养立意，围绕单元主题，充分挖掘育人价值，确立单元育人目标和教学主线；深入解读和分析单元内各语篇及相关教学资源，并结合学生的认知逻辑和生活经验，对单元内容进行必要的整合或重组，建立单元内各语篇内容之间及语篇育人功能之间的联系，形成具有整合性、关联性、发展性的单元育人蓝图。"因此，教师要从关注课时转向关注单元整体，以主题意义为引领，进行单元整体教学设计。在对《英语》（外研新标准版·一年级起点）四年级上册Module 10进行单元整体教学设计的过程中，笔者围绕主题Keep healthy habits进行了单元整体教学探索与实践。

一、亮点呈现

我们将本单元整体教学中的亮点提炼为：以主题意义为引领，探究和践行单元整体教学。教师深入研读语篇，挖掘主题意义，围绕单元主题，整合资源，开展教学活动，引导学生逐步建构起关于主题意义的完整认知，促进其正确态度和价值观的形成。

二、亮点分析

（一）深入研读语篇，明确主题意义

研读语篇的目的是建构语篇知识，挖掘育人价值，初步确定主题意义。Module 10 包括两个语篇，教师通过对语篇主要内容、文本结构和写作意图的梳理和分析可以看出，其主题是健康生活习惯，属于"人与自我"范畴，涉及"健康的行为习惯与生活方式"子主题。

表 1　教材分析

教材单元	What 主要内容	How 文本结构	Why 写作意图
M 10 U 1 Go to bed early.	以对话形式描述 Sam 去看病，医生询问病因并给出建议。	描述生病时如何就医，涉及生活中常见活动的词汇，如 take some medicine、do some exercise 等；用"What did you do yesterday? I..."句型问答病因；用"Drink a lot of water. And do some exercise."等祈使句提出恢复建议。	帮助学生明白不良的生活习惯容易导致疾病，要关注身体健康，纠正不良生活习惯。
M 10 U 2 Eat vegetables every day.	以介绍形式描述 Daming、Amy、Sam 和 Lingling 在班会上分享健康建议。	介绍如何分享健康建议，涉及饮食、运动和卫生建议方面的词汇，如 exercise、healthy、toilet；给别人提供建议时使用的核心语言，如"Eat vegetables every day. Eat some fruit, too. Drink lots of water or juice."。	帮助学生学习保持身体健康的方法。

通过表 1 可以看出，本单元内容围绕生病和健康，旨在帮助学生明白不良的生活习惯容易导致疾病，要养成健康的生活习惯。基于此，笔者将本单元的主题意义设定为：养成健康生活习惯，造就幸福生活。

（二）构建语篇间的联系，深化主题意义

在主题意义的引领下，教师应该把单元教学内容视为一个整体，从宏观上把握教学内容，注重单元内各个部分的内在联系。为帮助学生完整建构养成健康生活习惯的过程，笔者将本单元设计成学习项目。引导学生通过完成单元项目——制作《健康生活习惯指南》手册，为更多人提供健康习惯建议，深化主题意义。我们引入语篇 What's the matter? 作为第一课时的主要学习内容，引导学生学习得新冠肺炎后的常见症状，认识健康的重要性。在第二课时，引导学生通过学习"生病就医"语篇，认识到疾病与习惯的关系，关注健康。在第三课时，引导学生通过学习"分享健康建议"梳理健康习惯。增设第四课时，引导学生完成单元项目，将健康生活习惯落实到生活中。

四个子主题，即：新冠肺炎症状、康复建议、预防建议、《健康生活习惯指南》。从不同角度出发谈论健康习惯，既相互关联，又逐步递进，帮助学生深入理解主题意义。

（三）融合多模态资源，拓展主题意义

多模态文本是一种融合了多种交流模态（如声音、文字、图片等）来传递信息的文本。本单元除教材资源外，还围绕主题增加语篇 What's the matter? 和绘本 How to Be Healthy? 及视频《一起做运动》《21 天习惯养成》等资源，以听、说、读等多种形式呈现，充分调动学生的视觉、听觉和触觉，深度还原了得新冠肺炎的经历、生病就医、健康生活等场景，使主题情境更加立体、真实。学生对于"为什么要养成健康习惯""如何养成健康习惯"及"养成健康习惯后的幸福生活是怎样的"的理解更加形象，对主题意义"养成健康生活习惯，造就幸福生活"的探究更具深度和广度。

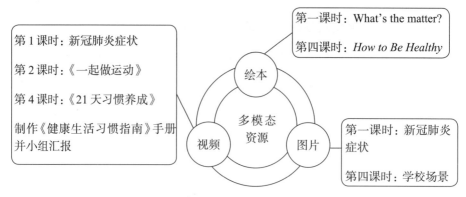

图 1　多模态语篇资源整合图

（四）创设多元探究活动，内化主题意义

教学设计与实施要以主题为引领，以语篇为依托，通过学习理解、应用实践和迁移创新等活动，引导学生综合运用所学，围绕主题表达个人观点和态度，解决真实问题。本单元围绕 Keep healthy habits，践行学思结合、用创为本的英语学习活动观，通过创设一系列有层次、有梯度的学生活动，由浅入深，从易到难，帮助学生整体建构对于主题意义的认知。单元整体活动设计见表2。

表 2　单元整体活动设计

单元主题	课时和子主题	学习理解活动	应用实践	迁移创新活动
Keep healthy habits	第一课时 新冠肺炎症状	阅读绘本，梳理对话中出现的疾病和症状。	匹配新冠肺炎症状、情景剧表演。	调查小组成员得新冠肺炎后的症状，形成报告。
	第二课时 康复建议	梳理语篇中 Sam 的疾病、病因及医生建议，形成病历。	分角色表演课文。	1. 评价 Sam 就医前后生活习惯的变化 2. 阅读学生安全，梳理疾病、病因，给出建议，完成病历，并进行表演
	第三课时 预防建议	获取、梳理语篇中四位小学生提出的健康建议。	分角色表演课文。	为学校餐厅、卫生间、操场等场所设计健康习惯小贴士。
	第四课时 《健康生活习惯指南》	无	制订自己的21天健康生活习惯养成计划，制作《健康生活习惯指南》手册	

教师借助思维导图、表格等形式，帮助学生梳理得新冠肺炎后的症状、健康生活习惯，促进理解；引导学生通过情景剧表演、角色扮演，促进语言内化和应用实践；最后在迁移的真实语境中，引导学生结合自身经历，表达自己的认识和态度。第一课时，通过引导学生调查组内成员得新冠肺炎后的身体症状，激发学生对健康生活的向往。第二课时，让学生在评价 Sam 就医前后生活习惯的变化及演绎生病就医的活动中，初步感受"养成健康生活习惯，造就幸福生活"的主题意义。第三课时，让学生在为学校餐厅、卫生间、操场等场所设计健康习惯小贴士的过程中，深化理解主题意义，明白只有人人养成健康生活习惯，才能造就幸福生活。第四课时，引导学生制订自己的 21 天健康生活习惯养成计划，从自身做起，培养健康习惯，并通过制作《健康生活习惯指南》手册宣传健康生活理念，升华主题意义。学生在活动中不断体验和感知，逐步深化对主题意义的理解。

针对如何在主题意义引领下进行单元整体教学，帮助学生围绕主题，用英语进行真实的交流和表达，解决生活中的实际问题，真正落实学科育人的教学目的，我们将不断反思和实践。

（潍坊市：孟清　徐建芹　范韦韦　宋敏　吕翔　朱燕妮）

五年级上册：Unit 6　Spring Festival
（鲁科版）单元整体教学设计例析

《义务教育英语课程标准（2022 年版）》强调要基于主题意义探究开展英语教学。课程标准指出："主题具有联结和统领其他内容要素的作用，为语言学习和课程育人提供语境范畴。"教师要"引导学生基于对各语篇内容的学习和主题意义的探究，逐步建构和生成围绕单元主题的深层认知、态度和价值判断，促进其核心素养综合表现的达成"。由此可见，主题意义是英语课程立德树人的抓手，是学生语言发展的牵引，也是学生个人成长的推力。在《英语》（鲁科版）五年级上册 Unit 6 Spring Festival 这一单元的整体教学设计过程中，笔者特别关注了主题意义的确定与达成。

一、亮点呈现

笔者将本单元整体教学设计中的亮点提炼为：将静态的、隐性的单元要素显性化，通过解构和重构文本聚焦单元的核心价值，确立单元主题意义，以此作为主线来串联整个单元的语言学习，凸显语言学习的整体性和逻辑性，实现语言学习和课程育人的有机融合。

二、亮点分析

（一）关注背景，了解春节现状

Spring Festival，被称作中国新年或春节，由于其悠久的历史和深厚的文化底蕴，被认为是中国文化的象征和重要标志之一。然而，随着现代社会的进步和时代的发展，一些十分重要的春节民俗面临着无形的危机，人们对春节传统的风俗民情、深层的春节文化逐渐淡忘，春节文化遗产不断流失。因此，传承春节传统习俗是我们的责任与使命，学生应当借助课堂学习，了解春节所承载的历史文化，感受中国人民的美好情感，体验中华优秀传统文化的魅力。

（二）解读文本，提炼主题意义

本单元教材内容共四个课时，主要讲述了春节的时间及主要习俗、主人公 Li Ming 去年的春节活动和今年的春节计划，而对于春节文化的传承与变迁、中国南北方的过年差异、海外华人如何过春节等内容基本没有涉及。基于对主题的深入思考，我们对文本进行了适当统整和改编，由四个课时调整到六个课时。如：在第一课时中增加了 "The Story of Nian"，帮助学生了解有关春节来历的传说；第三课时为 "Colourful Spring Festival"，让学生感受到不同地区春节活动的丰富多彩；第四课时为 "Grandparents' Spring Festival"，带领学生走进爷爷奶奶记忆中的春节；第六课时为 "Busy and Lively Spring Festival"，为实践活动课，引导学生利用不同的方式介绍春节。学生经过对整个单元的学习，丰富了对春节这一中国传统节日的认识，对于春节习俗的文化意涵有了更深刻的理解。

在深入研读语篇的基础上，我们提炼本单元的主题意义为：学生能够乐于了解中国最重要的传统节日之一——春节，能够深入理解春节的文化习俗和意涵，并在情境活动中体验春节活动的乐趣，激发对春节文化的热爱，形成对中华优秀传统文化的认同，树立文化自信。基于主题 Happy Spring Festival，我们将本单元分解为三个子主题：识春节（年的传说、春节的习俗、多元的春节）—过春节（爷爷奶奶的春节记忆、我们的春节计划）—"话"春节（实践活动课），最终搭建起一个由主题意义引领、各语篇子主题意义相互关联、逻辑清晰的完整教学单元。

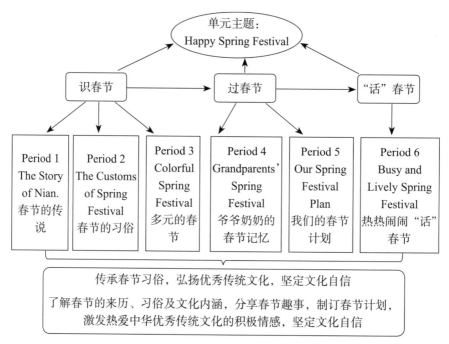

图 1　Happy Spring Festival 单元主题框架图

（三）深度学习，达成主题意义

本单元在设计教学活动时以单元教学目标为统领，通过系列学习活动，引导学生在学习过程中建构对单元主题 Happy Spring Festival 的认知，逐步达成主题意义，挖掘育人价值。首先，教学活动坚持学思结合。教师引导学生在学习理解类活动中借助图片、音频、视频等资源，在听、说、读的过程中，学习有关春节的词汇与核心句型，理解语篇内容，建构基于主题意义的结构化知识。其次，教学活动坚持学用结合。教师创设与单元主题意义密切相关的活动，引导学生通过复述"年"的故事、同伴问答交流春节习俗、转述主人公春节计划等应用实践类活动内化所学语言和文化知识。再次，教学活动坚持学创结合。教师引导学生在迁移创新类活动中充分运用所学知识进行思维导图、春节绘本、春节卡片、春节的传承与变迁演讲等活动创作，使学生最终能够多角度、多层次地介绍春节，实现语言的有效输出。

（四）实践活动，延展主题意义

英语实践活动能有效提升学生运用所学知识和跨学科知识解决问题的能力，促使学生深化对主题意义的理解和认同。

本单元最后一课时为实践活动课，基于主题 Happy Spring Festival，我们确立的单元大任务为：寻年味，争做春节文化传承人！

在活动中，教师力求将语言学习与优秀传统文化、艺术、劳动等学科相融合，引导学生在体验和实践中发展核心素养。教师鼓励学生联系自己的生活经历，选择自己喜欢的方式介绍春节，传播春节文化。例如，拍摄视频、制作年画、包饺子、做花馍、写春联等，有效激活了学生的已有知识、经验及想象力和创造力，使学生在用英语与同伴交流、分享的过程中，进一步体验春节活动的乐趣，加强对中华优秀传统文化的认同，坚定文化自信。

学生通过本单元一系列循环递进和整合关联的学习活动，围绕 Happy Spring Festival 这一主题，从识春节到过春节，再到"话"春节，建构起一张结构化的知识网，推动了对单元主题的系统理解和认识，加深了对传统节日的热爱之情，厚植爱国主义情怀和文化自信，为向世界传播春节文化做好了准备。

（淄博市：张秀玲　张红伟）

关键点之五：子主题的确定

六年级下册：Unit 3 Where did you go?
（人教 PEP 版）单元整体教学设计例析

《义务教育英语课程标准（2022 年版）》指出，英语课程的实施要加强单元教学的整体性。

教师要在单元主题的统领下，提炼各语篇的子主题，构建具有整合性、关联性、发展性的子主题，从而引导学生完成每个子主题引领下的学习任务，逐步建构对单元主题的认知，发展能力，形成素养。为了帮助学生落实对本单元各课时子主题的理解，笔者综合统筹教材语篇，拓展补充与主题相关的多模态语篇，深化对各子主题的认知，以期促进学生核心素养的达成。

一、亮点呈现

笔者将本单元整体教学设计中的亮点提炼为：在单元主题意义的统领下，确立具有逻辑性和进阶性的子主题。教师通过设计一系列子主题引领下的子任务，引导学生在逐步递进的学习过程中发展语言综合运用能力，并深化对子主题的认识和理解，进而实现语言学习和课程育人的有机融合。

二、亮点分析

（一）立足单元大观念，厘清子主题间的逻辑关系

《英语》（人教 PEP 版）六年级下册 Unit 3 Where did you go? 隶属于"人与自我""人与社会"范畴中的"生活与学习""社会服务与人际沟通"主题群，所涉及的子主题内容为"学习与生活的自我管理；情绪与情感，情绪与行为的调节与管理；中外名胜古迹的相关知识和游览体验"。基于对各语篇的研读，笔者确定单元主题为 Holiday trips。希望学生在学完各语篇后，能够享受假期旅行，分享经历，交流感悟，收获成长。为了达成这一目标，笔者在该主题下设定了四个具有逻辑关联的子主题，即，树立意识：爱旅行，爱生活，但要注意旅途安全；落实行为：做好旅游攻略，提升旅行品质；形成态度：关爱并帮助他人，共享美好旅程；畅想未来：努力学习，科学探究，为实现伟大的中国梦而奋斗。单元整体教学框架图见图 1。

图 1　Holiday trips 单元整体教学框架图

（二）立足英语学习活动观，实现子主题间的进阶性

英语学习活动观是落实核心素养的主要途径。笔者立足英语学习活动观，从学习理解、应用实践、迁移创新三个维度出发设计了各课时的学习活动，引导学生围绕子主题学习语言、获取新知、探究子主题意义、解决问题，体现"学思结合、用创为本"的理念，实现了子主题的进阶，见表1。

表1 英语学习活动观下的子主题及学习活动

单元主题		Holiday trips			
子主题		树立意识：爱旅行，爱生活，但要注意旅途安全	落实行为：做好旅游攻略，提升旅行品质	形成态度：关爱并帮助他人，共享美好旅程	畅想未来：努力学习，科学探究，为实现伟大的中国梦而奋斗
学习活动	学习理解	在看、听、说的活动中，获取、梳理和理解John的周末活动和假期旅行，并感受新疆的风土人情。	梳理和理解对话中Amy的假期旅行。	看图讨论、预测故事，学习Wu Binbin假期旅行中好与不好的事。	在看、听、读、说的活动中，发现并梳理where、how、what的逻辑脉络，理解故事内容，获得阅读乐趣。
	应用实践	分角色表演对话。	分角色表演对话，借助思维导图复述Amy的假期旅行。	完成读后活动训练。	分角色表演故事，并借助思维导图概括复述故事。
	迁移创新	合作完成旅行卡片，并与同伴交流Meimei的南疆之旅。	仿照范例，根据思维导图交流自己的旅行，并独立完成自己的旅行回忆录。	写出自己的旅行日记，并在小组内分享。	小组合作完成"星球旅行报"，表达自己为梦想而奋斗的愿望。

在第一课时，学生以思维导图的形式学习了John的新疆之旅，感受了新疆的风土人情。为弥补教材内容较单一这一不足，教师又以旅行卡片的形式拓展了Meimei新疆之旅的语篇，引导学生使用核心语言"Where did you go?""What did you do?""I went to..."等完成自己的旅行卡片，通过交流旅行中的见闻，整合学习、运用语言知识，构建连贯的知识结构，从而感知并理解本课时的子主题"树立意识：爱旅游，爱生活，但要注意旅途安全"。

在第二课时，学生以旅行日志的形式了解 Amy 的三亚之旅，并通过核心语言"Where did you go?""What did you do?""How did you go?""Who did you go with?""How was...?"等交流自己的旅行，通过完成自己的旅行日志，认识到做好旅游攻略的必要性，落实本课时的子主题"落实行为：做好旅游攻略，提升旅行品质"。本课时不仅在第一课时的基础上实现了语言结构的递进，还进一步培养了学生的文化意识，从新疆的异域风情到三亚的水天一色，加深了学生对中华文化的理解和认同，坚定了文化自信。

在第三课时，学生以日记的形式感受 Wu Binbin 在旅行中的不同体验，最后教师以自己的旅行经历为例，让学生整合运用本单元所有的核心语言写一写自己的旅行经历，落实了本课时的子主题"形成态度：关爱并帮助他人，共享美好旅程"。本课时综合运用前两个课时所学语言，培养了学生分析问题、解决问题的思维品质，并引导学生对旅行中的不同体验作出正确的价值判断，理性表达情感、态度和观点，进一步促进了学生的知识向能力的转化。

在第四课时，学生通过学习 Zoom 月球之旅的故事，深入探究关于中国航天员王亚平太空之旅的语篇，最后发挥想象力制作属于自己的星球旅行海报。学生逐渐从基于语篇的学习走向真实的世界，从理解、内化语言到运用所学语言，表达自己的思考与发现，认识旅行的意义，实现了本课时子主题的升华"畅想未来：努力学习，科学探究，为实现伟大的中国梦而奋斗"。最后这一课时在前三个课时的基础上，实现了语言能力上的螺旋上升和子主题意义的升华，使学生在提升语言能力的同时，从多角度出发认识和理解旅行，创造性地解决新情境中的问题，培养了学生的核心素养。

通过本单元的学习，学生在 Holiday trips 这一单元主题的引领下，通过教师的指导，学习了不同文本形式的，如旅行日志、回忆录、日记等多模态语篇。学生也从他人的旅行，走向自己真实的旅行，并畅想科技进步后的太空旅行，不断感知、理解、深化子主题的意义，在"树立意识—落实行为—形成态度—畅想未来"四个层面，由浅入深地了解了假期旅行的意义和价值。这样的单元整体教学设计使本单元的育人价值和对学生思维品质的培养呈现出了递进性和逻辑性，符合学生认知的发展规律，有利于学生综合素养的达成。

（济南市：朱莉莉　姜玉婷　范维乾）

关键点之六：目标的合理性、科学性、规范性、可达成性分析

四年级上册：Unit 6 Family
(鲁科版)单元整体教学设计例析

《义务教育英语课程标准(2022年版)》明确指出："教师要强化素养立意，围绕单元主题，充分挖掘育人价值，确立单元育人目标和教学主线；深入解读和分析单元内各语篇及相关教学资源，并结合学生的认知逻辑和生活经验，对单元内容进行必要的整合或重组，建立单元内各语篇内容之间及语篇育人功能之间的联系，形成具有整合性、关联性、发展性的单元育人蓝图。"

由此可见，教师通过分析单元主题、确定指向课标的教学内容，对课标进行分解、初定教学目标，结合教材分析、调整教学目标，结合学情分析、最终确定教学目标的方法调整和修改单元教学目标，有利于师生对单元主题意义的内化与理解。

依据课标、教材、学情、课时、其他资源条件 → 明确结果

分析单元主题、确定指向课标的教学内容 | 分解课标、初定教学目标 | 分析教材、调整教学目标 | 分析学情、确定教学目标 → 确立意义 → 梳理条件

图1 单元教学目标设计概况

一、亮点呈现

笔者将本单元整体教学设计中的亮点提炼为：构建了由语篇教学目标、课时教学目标和单元教学目标组成的目标体系，各层级目标把预期的核心素养综合表现融入其中，做到了教学目标的可操作、可观测、可评价，使学生逐步建构起对单元主题的完整认知，层次分明地体现了单元整体教学的有序推进，符合课程标准对单元整体教学设计的要求。

二、亮点分析

（一）基于单元主题，制定科学合理的教学目标

通过对本单元的整体概览，对应课标分析，深挖 Family 主题意义，确定了 Better members, warmer family 的单元主题及四个课时话题——Family members in my eyes、I can be a great member、Super members around us 和 Warm family，进行从个人到家庭、家庭对社会的功能、家庭对社会稳定及和谐发展的重要意义的螺旋递进式探讨。

综合对课程标准、单元主题、教材和学情的分析，确立了以下单元教学目标：

学习本单元后，学生能够：

1.在语境中，与同伴交流并介绍自己的家庭和家庭成员的外貌、爱好，初步树立家庭观念。

2.在小组讨论、评价交流中介绍自己的家庭成员在家庭中作出的贡献和在社会中的责任，体会家庭成员的优良品质，做更好的家庭一员。

3.介绍家庭成员的工作及工作场所，进一步了解更多工作的特性，体会不同职业的特征及意义，感受家庭成员对社会的爱与担当。

4.自信地介绍家庭成员的社会贡献，感受祖国发展与所有国人的共同努力息息相关，说一说自己的理想职业，初步树立基于家国情怀的职业观。

（二）立足课标，凸显目标表述的规范性

1.行为主体。

以学生为主体，注重指向学生的学习成果与反馈。如："通过本课时学习，学生能够：在看、听、说的活动中获取、梳理 Tom 父母的外貌特征（学习理解）。"目标的表述依托英语学习活动观的三个维度，相互联系、螺旋提升，促进学生从知识到能力再到核心素养的提升。

2.行为条件。

在目标表述中，说明育人价值需要通过什么样的过程和方法得以凸显。如："学生分析评价 Wang Hong 对父母的了解以及对其父母职业的感受，思考自己对父母的了解是否充分、自己如何理解父母的职业，结合实际，表达自己的观点。"能够清晰地通过说明、分析和评价等具体方法达成育人目标。

3.行为表现。

"目标的表述能够通过说明'学会什么'对学生发展有何意义，明确目标意义。"例如：了解家庭成员的职业、工作内容及工作地点，感受家庭成员的职业贡献，体会家庭成员的社会属性；明白每个人对家庭都是要有贡献的，如能尽自己所能来为家庭做些什么，就是爱家的体现。

4.表现程度。

通过结合具体的学情和情境，清楚表述该知识、技能或活动到底能让学生学会什么、学到什么程度。如：通过学习，进一步了解家庭成员的外貌特征、兴趣爱好等，感受血脉亲情，了解家庭特征。根据学习活动观来推进教学目标的

实施,利用评价检测目标的达成度。

(三)落实"教—学—评"一体化,促进目标的达成

教师依据教学目标,针对不同活动环节制定评价目标,设计表现性评价量表,及时了解学生的学习情况,有效促进课时教学目标的达成。

以本单元第一课时的表现性任务 "Family members in Tom's eyes" 为例。本评价任务具体内容为:

1. 评价任务:Family members in Tom's eyes.

2. 任务目标:结合任务 "Family members in Tom's eyes",在板书的帮助下运用所学词汇、核心句式 "This is my... He/She is ... He/She has..." 介绍父母的外貌特征。

3. 任务描述:借助结构化板书,从 Tom 视角出发描述父母的相关信息,在小组内分享,根据评价量规,进行组内互评。

4. 评价标准:见表1。

表1 评价量表

评价指标	★★★	★★	★	自评	同伴评	师评
语言内容	根据板书和图片信息,能用两种及以上句式描述 Tom 父母的外貌特征。	根据板书和图片信息,能用一种句式描述 Tom 父母的外貌特征。	根据板书和图片信息,能基本描述 Tom 父母的外貌特征,对个别图片信息的认读有一定困难。			
语言表达	语音正确,语调优美,表达流利,声音洪亮,自然大方。	语音、语调正确,语速较慢,表达基本连贯、清晰。	语音、语调正确,表达中有个别错误或停顿。			

5. 评价实施：学生四人一组，描述、交流 Tom's family，推荐一名同学进行班级展示，用时 6 分钟。陈述模板见图 2。

图 2　陈述模板

教师认真观察学生在本环节的表现并进行描述和归纳，重点关注学生是否能运用核心语言进行交流。教师根据评价标准，借助多维方式，实现了定量评价与定性评价的融合运用，增强了学生参与课堂活动的实效性。

综上所述，本单元教学目标和课时教学目标的制定，遵循了单元主题育人的基本要求，实现了单元主题对学生可持续价值延伸的框架建构，合理、科学、规范的目标起到了深化单元主题意义的作用，指向教学目标的教学活动和教学评价有效促进了单元教学目标的达成。

（淄博市：朱晶　王丽　王路伟　康倩　谭睿　倪向卉）

关键点之七：多个课时之间的**逻辑性**与**进阶性**

五年级上册：Module 9
（外研新标准版·三年级起点）单元整体教学设计例析

在单元整体教学中，应围绕单元主题，建立单元内各语篇内容之间及语篇育人功能之间的联系，形成具有整合性、关联性、发展性的单元育人蓝图。不仅要注重整体性，更要注重对课时之间逻辑性的探究，即探究课时之间子主题意义、教学目标、评价任务、语言生成及作业之间的逻辑性和进阶性，引导学生逐步建构对单元主题的认知，发展能力，形成素养。在《英语》（外研新标准版·三年级起点）五年级上册 Module 9 的单元整体教学设计中，尤应注重该关键点。

一、亮点呈现

本单元的教学设计充分体现了单元整体视域下对小学英语课时间逻辑性的探究。本单元围绕 Embrace your feelings 这一主题，以电影 *Inside Out* 中的情绪记忆球为单元主线，共设计四个课时。在教师的引导和帮助下，学生运用所学语言简单表达自己、他人的各种情绪及原因，并对疏导他人情绪提出合理建议，理解并接纳每一种情绪，科学调控情绪，形成积极的生活态度，享受生活。单元主题内容框架图见图1。

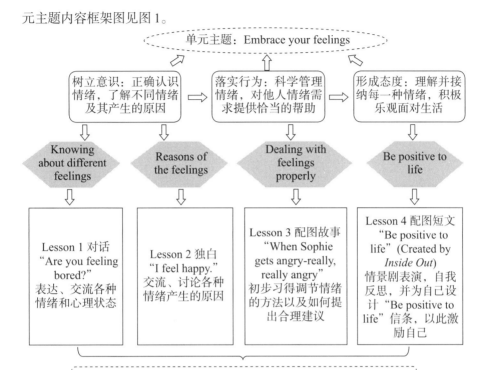

图1 Embrace your feelings 单元主题内容框架图

二、亮点分析

（一）子主题间的逻辑性和进阶性

本单元围绕主题意义探究开展了四课时的教学，各课时在主题意义的引领和任务驱动下，从正确认识并了解不同情绪及背后的原因，到学会科学管理情绪并对他人情绪需求提供恰当的帮助，学会理解并接纳每一种情绪，积极乐观面对生活。各课时之间既相互独立，又相互关联，实现了从"What I know"到"What I want to know""What I have learnt"，再到"What I want to share"的建构，体现出逻辑性和进阶性，逐步推进主题意义达成。

（二）课时教学目标间的逻辑性和进阶性

本单元教学目标以主题意义为引领，关注育人价值，以整体形式呈现。四课时教学目标的设计相互关联、层层深入。

学习本单元后，学生能够：

1. 运用所学语言与小组成员交流讨论，记录同伴的情绪状态，并向全班介绍。

2. 利用情绪箱收集自己近期的情绪信息，讨论和分享体验最明显的一种情绪及原因，并在班级内展示介绍。

3. 借助图片阅读绘本，梳理绘本信息，描述主人公的情绪变化及平息怒气的方法。

4. 与同伴交流分享，并整理出调节情绪的好方法。

5. 创意设计"情绪剧本"，通过表演，描述情绪产生的原因及优化情绪的策略。

6. 设计"Be positive to life."信条，并以此激励自己。

课时教学目标是对单元总目标的细化与分解。Lesson 1 旨在让学生初步体验主题，整体感知语言，对应单元目标的第一项。Lesson 2 与 Lesson 1 紧密关联，在引导学生认识情绪的基础上，让他们学会分析不同情绪产生的原因，对应单元目标第二项，并为 Lesson 3 排解不良情绪作铺垫。Lesson 3 重在引导学生通过阅读、交流，加深对主题的思考，对应单元目标第三、四项，同时为 Lesson 4 接纳消极情绪打下基础。Lesson 4 在前三个课时的基础上引导学生增强对心理健康的重视程度，接纳负面情绪，并为自己设计"Be positive to life."信条，对应单元目标的第五、六项。通过逐级建构，达成具有层次性和阶梯度的课时教学目标，最终实现单元总目标。

（三）课时评价任务间的逻辑性和进阶性

本单元以电影 *Inside Out* 中的情绪记忆球为单元主线，设置了贴近学生生活的递进型评价任务。任务过程完整流畅，过渡衔接自然，见图2。

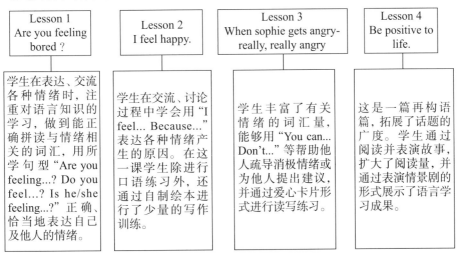

图 2　课时评价任务

从制作分享情绪球，认识了解自己的情绪，到寻找情绪产生的原因，从而针对别人的不良情绪提出合理建议，各课时评价任务均符合学生认知规律和身心特点，层层推进，最后聚合成单元大任务，从而帮助学生逐步完成学习目标，形成了比较完整的评价任务链。

（四）语言生成的逻辑性和进阶性

本单元整体教学设计通过课时教学活动帮助学生内化语言，构建语言知识框架。学生语言能力的提升始终围绕教学活动，语言知识框架的建构逐层深入，最终实现了语言的正确输出。各课时相关语言知识见图3。

Lesson 1 Are you feeling bored ?	Lesson 2 I feel happy.	Lesson 3 When sophie gets angry- really, really angry	Lesson 4 Be positive to life.
学生在表达、交流各种情绪时，注重对语言知识的学习，做到能正确拼读与情绪相关的词汇，用所学句型 "Are you feeling...? Do you feel...? Is he/she feeling...?" 正确、恰当地表达自己及他人的情绪。	学生在交流、讨论过程中学会用 "I feel... Because..." 表达各种情绪产生的原因。在这一课学生除进行口语练习外，还通过自制绘本进行了少量的写作训练。	学生丰富了有关情绪的词汇量，能够用 "You can... Don't..." 等帮助他人疏导消极情绪或为他人提出建议，并通过爱心卡片形式进行读写练习。	这是一篇再构语篇，拓展了话题的广度。学生通过阅读并表演故事，扩大了阅读量，并通过表演情景剧的形式展示了语言学习成果。

图 3　各课时语言知识简述

Lesson 1 和 Lesson 2 侧重对教材基础知识的学习，学生通过学习能掌握基本的语言知识；Lesson 3 和 Lesson 4 侧重对语言技能的学习，学生通过阅读、理解多模态语篇，能掌握课本之外的与本主题相关的语言知识。Lesson 3 的绘本和 Lesson 4 的再构语篇以情境为依托，整合所学语言知识，使得学生表达更加贴切且具逻辑性。每一课时学生都会经历学习理解、应用实践和迁移创新三个阶段。各课时都引导学生从感知、接纳自己的情绪到了解、分析不同情绪，建立共情意识，再到学会调控情绪，体现了语言能力螺旋上升的学习过程，逐渐从基于语篇的学习走向真实的生活世界，最终实现了"知识建构化—知识功能化—知识素养化"的进阶，为单元大任务的完成作好铺垫。

（五）单元作业设计的逻辑性

单元作业设计的逻辑性体现在各课时作业与学习内容之间、作业目标与学习目标之间的衔接和进阶，渐次推进，实现了对学生学科核心素养的培养。同时，单一课时的各项作业在形式和内容上彼此关联，形成了跨越课时的单元"长作业"。教师围绕情绪记忆球这一主线，设置贴近学生生活的递进型作业。Lesson 2 的作业强化了 Lesson 1 及本课时所学，又通过绘本创作的形式对相关信息进行可视化梳理，同时为 Lesson 3 对如何正确应对不同情绪的学习打下基础。Lesson 3 将 Lesson 2 的作业成果融入课堂教学中，使其成为教学活动的一部分，实现了课上与课下、教学与作业的有机关联，并引导学生针对消极情绪制作爱心便条，为他人的负面情绪提出合理建议。Lesson 4 的作业"My feeling calendar"帮助学生梳理了各子主题与主题之间的逻辑关系，加深了学生对主题的理解，实现了主题意义探究。

作业设计具体如下：

Lesson 1

复习巩固性作业

1. 根据图片或汉语提示，圈出正确的单词，并写在相应的横线上。

w	q	s	t	s	a	c	d	p
i	c	t	f	a	n	g	r	y
b	o	r	e	d	n	m	i	s
q	p	d	e	o	t	o	p	d
s	h	i	l	l	a	e	l	l

1. 感觉，觉得 _____ 2. _____ 3.  _____

4. _____ 5. _____

2. Retell the story according to the mind map.

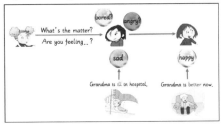

Lesson 2

拓展延伸性作业

Make an Emotion Wall for your friends. 用我们课上所学的知识，采访你的不同好友，了解他 / 她的心情是怎样的，并制作一幅 My Friends' Emotion Wall，注意对情绪的分类。

参考语言：—Are you feeling bored/sad/happy/angry/worried...?

—Yes/No. I am feeling bored/sad/happy/angry/worried... now.

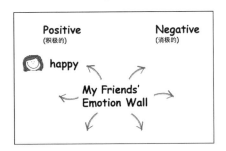

Lesson 3

1. 基础性作业

I can retell feelings of the four pupils in Activity 2.

根据思维导图复述活动2中文本的内容。

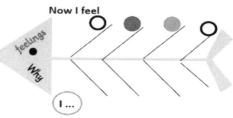

2. 拓展性作业

Draw my feeling picture book.

借助任务单的思维导图制作自己的英文情绪小绘本 *My Colorful Feelings*。

Lesson 4

1. 基础性作业

根据思维导图复述绘本故事。

评价标准：

评价指标	评价等级			评价方式	
	★	★★	★★★	学生自评	教师评价
完整性	能大概复述故事内容。	能完整复述故事内容。	能准确、完整地复述故事内容。		
准确性	语音、语法有3处及以上错误。	语音比较标准，有1—2处错误。	语音、语法无明显错误。		
流畅性	口语表达一般，缺乏感情。	口语比较流利，感情比较平淡。	语音标准，口语流利，感情丰富。		
合计星星总数：					

2.拓展性作业

制作爱心便条。

作业要求：根据自己的生活经验，运用所学语言，创编chant，并制作爱心便条，为别人排解不良情绪给出建议，与同学交换共勉。

3.综合实践类作业

制作个人一周的情绪记录册"My feelings"，记录自己的情绪、产生的原因和自己是如何调节的三项内容，产生的原因可以简单地画插画。记录一周后和同学交流分享，看看自己和他人的情绪状态有何不同及处理办法是否妥当，说一说哪些需要改进或值得学习。

根据完善后的情绪记录册"My feelings"，制作一周的情绪日历"My feeling calendar"。

综上所述，在教学中应依据单元育人蓝图实施教学，组织规划教学活动，注重各课时之间的逻辑性和进阶性，使学生逐步建构起对单元主题的整体认知，促进正确态度和价值观的形成，发展能力，形成素养。

（潍坊市：王中华　周永超　于栋萍　李倩倩　孙墨龙　曹雪艳）

四年级下册：Unit 6 Travel
（鲁科版）单元整体教学设计例析

《义务教育英语课程标准（2022 年版）》在教学建议中提到："依据单元育人蓝图实施教学，要构建由单元教学目标、语篇教学目标和课时教学目标组成的目标体系，使学生逐步建构起对单元主题的完整认知，促进正确态度和价值观的形成。各层级目标要把预期的核心素养综合表现融入其中，体现层级间逻辑关联，做到可操作、可观测、可评价。"由此可见，在单元整体教学中，我们要对单元教学目标和课时教学目标之间的关系进行深入思考，要注重各课时教学目标之间的逻辑性和进阶性。在《英语》（鲁科版）四年级下册 Unit 6 Travel 这一单元的整体教学设计中，我们特别关注了这一点。

一、亮点呈现

本单元围绕 Travel 这一主题展开，从 Lesson 1 到 Lesson 4 情景连贯，分别由疑问词 where、how、what 引领，围绕着四个小朋友去哪里、怎么去、去了干什么展开对话。我们将本单元整体教学设计中的亮点提炼为：以递进的教学目标为引领，探索各课时之间螺旋上升式教学路径。教师在目标的设定与达成过程中，体现了单元整体教学的逐层推进，让教学的不同阶段既各有侧重，又循序渐进。在目标的引领下，课时与课时之间相互对接、相互支撑，为学生探究主题意义架起逐级上升的阶梯。

二、亮点分析

为了使本单元的整体教学设计更好地体现"完整"与"螺旋上升"，体现课时与课时之间的逻辑关系及进阶性，帮助学生建构"学会制订旅行计划"的知识体系，促使学生进行深度学习，笔者在进行单元整体教学设计时重点关注了课时与课时之间教学目标设计的递进层次，同时关注了各课时学习理解活动、应用实践活动、迁移创新活动之间的进阶性。

（一）教学目标的递进设计

笔者从学习理解、应用实践、迁移创新三个维度进行设计。

1.学习理解维度：

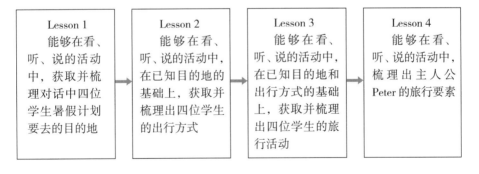

Lesson 1	Lesson 2	Lesson 3	Lesson 4
能够在看、听、说的活动中，获取并梳理对话中四位学生暑假计划要去的目的地	能够在看、听、说的活动中，在已知目的地的基础上，获取并梳理出四位学生的出行方式	能够在看、听、说的活动中，在已知目的地和出行方式的基础上，获取并梳理出四位学生的旅行活动	能够在看、听、说的活动中，梳理出主人公Peter的旅行要素

2. 应用实践维度：

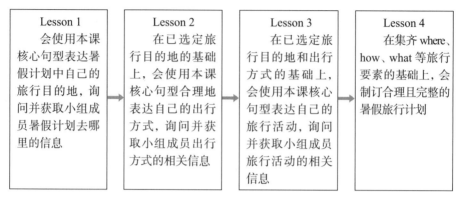

3. 迁移创新维度：

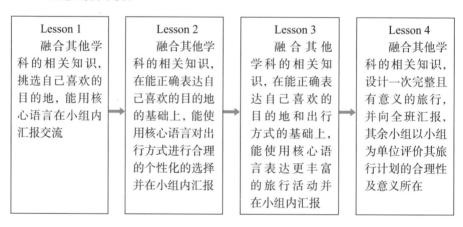

（二）活动实施的进阶呈现

1. 各课时之间学习理解活动的递进层次（第一步是"说别人的事"）：

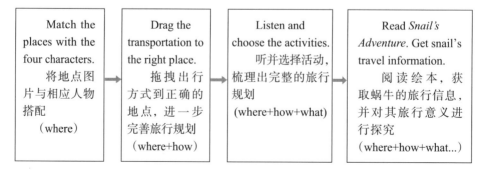

2. 各课时之间应用实践活动的递进层次（第二步是"借别人的话，说自己的事"）：

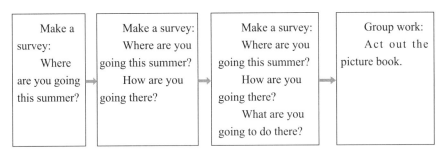

3. 各课时之间迁移创新活动的递进层次（第三步是"抛开别人，做回自己"）：

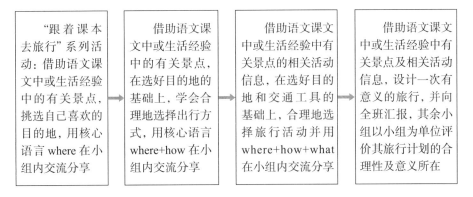

本单元教学目标的递进设计和活动实施的进阶性体现了不同层级间的逻辑关联，犹如发芽的种子一样，先长茎秆，再生枝叶，最后开花结果，先后有序，层次分明。以层次递进的单元目标为本，探索课时之间螺旋上升式的教学路径，有利于学生构建起完整的知识结构体系。清晰的学习框架、进阶的课时排布能够引导学生积极参与学习过程，真正实现深度学习。

（东营市：宋华　张庆芬　王丽）

关键点之八：表现性评价任务的设计

四年级下册：Unit 6 Shopping
（人教 PEP 版）单元整体教学设计例析

《义务教育课程方案（2022 年版）》中强调，要"创新评价方式方法。注重对学习过程的观察、记录与分析，倡导基于证据的评价。关注学生真实发生的进步……关注典型行为表现，推进表现性评价"。由此可见，在单元整体教学设计中，应注重有证据的表现性评价。通过表现性评价，教师可以了解学生的学习表现，从而更全面地落实发展学生的学科核心素养。因此，笔者在《英语》（人教 PEP 版）四年级下册 Unit 6 Shopping 这一单元的整体教学设计过程中，对于表现性评价任务的设计尤为关注。

一、亮点呈现

以本单元第三课时中拓展环节的表现性评价任务"Help Jack"为例，该任务让学生在帮助低年级同学 Jack 制定研学旅行购物清单的过程中，结合预算，根据评价标准，在考虑个人需求、商品价格、商品品质、他人建议等的基础上完成购物任务。具体评价标准见表 1。

表1 评价标准

评价维度	评价指标		
	Excellent(E)	Good (G)	Fair (F)
语言形式	能灵活运用本课所学的4种语言表达形式谈论所购买物品的价格、品质等,并表达看法	能根据参考句型,正确运用3种语言表达形式询问价格、品质并表达看法	能根据参考句型,运用1—2种语言表达形式谈论价格、品质,表达看法,有个别错误
表现程度	语音正确,语调优美,表达流利,声音洪亮,表演生动	语音、语调正确,语速较慢但表达连贯,有肢体动作	语音、语调有个别错误,表达中有个别停顿或重复
决策因素	小组合作,能结合预算,考虑个人需求、商品价格、品质等,并参考他人建议购买物美价廉的商品,合理消费	小组合作,能结合预算,兼顾3—4个方面的因素(个人需求、商品价格、品质、他人建议)购买心仪的商品,花费金额在预算范围内	小组合作,能结合预算,兼顾1—2个方面的因素(个人需求、商品价格、品质、他人建议)购买所需商品,花费金额超出预算

该任务是基于真实情境并围绕学生知识、能力、行为展开的综合性评价任务。在实施过程中,能够真实反映学生的学习效果,对于教师的教和学生的学都有很好的诊断和指导作用。

二、亮点分析

(一)评价目标与学习目标一致

表现性评价任务的目标必须与学习目标一致。学习目标的制定必然基于对课标、教材、学情等的全面分析。

通过分析《义务教育英语课程标准(2022年版)》可以看出,本单元话题与主题内容(二级)中"人与自我"范畴下"生活与学习"主题群中的子主题内容"零用钱的使用,合理消费"对应。因此,本单元主题可提炼为:引导学生初步建立科学的消费观,学会合理消费。

在本单元的第三课时,笔者将 B. Let's talk 和 B. Let's learn 进行了整合,通过 Sarah 和妈妈根据商品价格和品质选购心仪的裙子的过程,引导学生了解购物时应考虑预算、价格和他人建议,从而做到合理消费,提升购物判断力。

基于以上分析,可以从学习理解、应用实践、迁移创新三个维度,确定本课时的学习目标。而作为本课时拓展环节的表现性评价任务,本任务目标与第四条学习目标"能在购物的情境中,综合运用语言,结合他人建议及购物预算合理选购商品"保持了一致。只有以目标为导向,确立任务目标,才能更好地发挥表现性评价任务的导向、激励与诊断作用。

(二)评价任务与真实生活一致

表现性评价任务的设计,应注重任务的真实性。教师应围绕教学需求,设计基于学生生活的真实情境任务,让学生在完成任务的过程中充分体验运用所学语言解决实际问题的成就感,从而全面提升学生的素养能力。学生在日常生活中都会有一定的购物经历,但在真实的购物过程中,独自购物或独立选择的机会较少。学生大多能够根据个人经历和生活经验对物品的价格高低作出判断,但是不能从多方面综合考虑作出合理购物的决定,也很少有购物前的预算计划。

基于此,本任务设计了帮助 Jack 购买学校研学旅行所需物品这一真实的情境任务,任务情境贴近学生的实际生活。同时增加了预算设置,引导学生在运用本课所学语言完成任务的过程中,进一步体会应从预算、价格、他人建议等多角度出发综合考虑购物因素,将语言知识与对单元主题意义的理解巧妙地融合在一起,为单元育人目标的落实奠定了基础。

(三)评价标准与学生水平一致

表现性评价的评价标准设计应关注全体学生,应注重层次性,与学生实际水平一致。教师应在把握课程标准要求的前提下,将评价维度、评价指标确定出来，评价标准应简洁、明确、易操作。^①本单元的表现性评价任务从语言形式、表现程度和决策因素三个维度进行了评价指标的设计。在语言形式维度主要关注学生能运用几种语言形式表达；在表现程度维度则关注学生的语音语调、表达的流利度和表现力；在决策因素维度从购物时应考虑的不同购买因素出发，关注学生运用所学知识解决实际问题的能力。针对不同层次学生都有明确的指标说明，学生易理解、易操作。通过详细的评价标准，学生可以更好地明确学习目标，在学习过程中与教师、组员有效配合，及时、正确地认识自己的学习效果，以改善学习行为，向评价目标方向努力。

综上所述，本单元表现性评价任务的设计，以落实学生学科核心素养为目标，能够有效引导、激励和诊断学生的学习，从而更好地促进学生的全面发展。

（济南市：傅音）

---

① 杨梅双：《表现性评价在初中英语教学中的应用研究》，《试题与研究》，2023年第8期。

五年级下册：Module 1 & Module 2
（外研新标准版·三年级起点）单元整体教学设计例析

　　本单元整体教学设计站在"以学生发展为中心"的角度，将原 Module 1 和 Module 2 两个模块调序、重组、整合为涵盖五个课时的一个单元，提炼单元主题为 Changing。五个课时分别是：Personal changes——发现并描述身边人的变化，努力学习，发展自我，去适应和推动社会进步；The changes of family members——借助照片描述家庭成员的变化，体会"人会老去但爱常在"；The changes of Chinese society——发现、感受、顺应社会的变化，升华爱国之情和文化自信；Share the changes——学会记录、分享、交流社会的变化； Show the changes——多角度、多方式看问题和说变化，提升社会认同感和责任感。本单元的表现性评价任务设计通过观察学生在实际任务中的表现，对学生的知识、技能及发展水平作出价值判断。

一、亮点呈现

　　驱动性问题：如何通过不同方式向人们展示中国 70 年来各方面的发展变化？

开展 Amazing 70 years 实践活动，通过对多模态语篇的解读，引导学生从不同的视角观察，发现个人、家庭和社会发生的变化。通过对本单元的系统学习，引导学生明白以每个人的努力去成就美好时代的意义和责任。

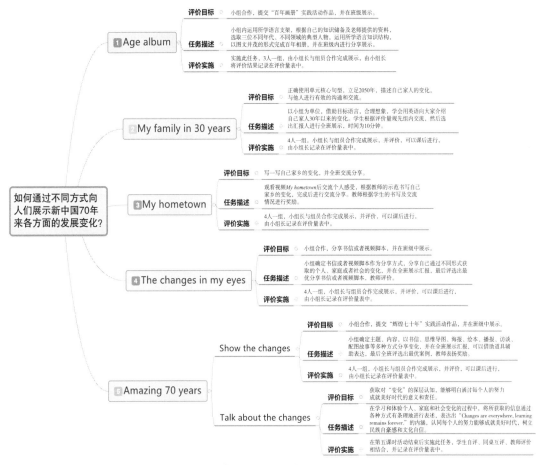

图 1 单元整体教学设计框架图

二、亮点分析

《义务教育英语课程标准（2022 年版）》强调，教师要改变传统的评价模式，学会以发展的眼光来看待学生的成长，把学生的努力程度、学习态度和素养的改变作为评价的主要指标，科学指导学生解决问题，使学生增强学习的自信心；

要选择恰当的评价内容和有效的评价设计，将评价结果应用到进一步改进教学和提高学生学习成效上，落实"教—学—评"一体化。

（一）系统化　整体建构

表现性评价任务的设计应该为学生的思维挑战搭好脚手架，将单元的大任务分解，建构出一条科学、系统的任务链，有效检测学生的学习效果，推进单元整体教学。

本单元的任务链由5个表现性任务组成："制作百年画册"描述人的变化、"制作家庭树"描述家的变化、"记录威海变迁"描述社会变化及"书写家乡变化""辉煌七十年展"。前三个评价任务是关于个人、家庭、社会变化语料的积累；第四个任务是通过书信、视频等不同形式分享个人、家庭和社会的变化，让学生在任务的驱动下开展深度学习，提升策略性思维能力；任务五是引领学生形成结构化的知识体系，并使学生在交流展示辉煌七十年的发展变化中，创造性地运用所学语言，提升综合能力，培养思维品质。任务链的设计中，前四课的评价结果成为第五课的评价素材，改变了传统的、碎片化、浅表性、重语言操练的知识导向教学方式，走向素养导向的单元整体教学实践；从重呈现结果转向共筑过程，更注重实施目标、活动、评价相统一的教学，将评价融入教学之中，使其成为教学的有机组成部分。

（二）情境化　真实建构

《追求理解的教学设计》一书中指出，"理解在学生表现中得以揭示"。当学生将核心概念、知识和技能应用于各种情境下的挑战性任务时，就显示了他们的理解。因此表现性任务强调情境的真实性，突出任务与真实生活的关联，完成任务的过程亦是解决生活问题的过程。

在 Changing 这一单元中，五个课时都围绕教学目标设计了表现性评价任务，无论是描述个人、家人还是家乡乃至社会变化，学生在书写、分享、交流时都需要根据主题，结合自己的生活实际进行思维加工，然后迁移运用。以"书写家乡变化"这一表现性任务来作具体说明：在这一表现性评价任务中，教师播放视频 *My hometown*，让学生观看视频后交流感受，然后仿写。学生将在本课时所学的核心语言迁移运用至生活情境中，实现从知识到现实生活的应用转化。学生在表达、书写、交流的过程中，发展语言能力，抒发对家乡的热爱之情。

（三）生本化　分层建构

评价是以学生核心素养的全面发展为出发点和落脚点的。本单元围绕 Changing 这一主题，从"奠定表达基础""发展丰富语言表达""整合语言知识，输出感悟"到"解决核心问题，进行展评活动"，用层层递进的学习目标与评价活动推进教学。教师引导学生成为各类评价活动的设计者、参与者和合作者，引领他们学会开展自评和互评，在评价中取长补短、总结经验，并主动反思和主动学习，规划成长。本单元的评价设计参考了二级学业质量标准，据此划分优秀、良好、合格的评价标准，以5星（优秀）、4星（良好）、3星（合格）予以区分。具体的评价标准根据学生的能力高低进行弹性浮动，不同学生达到三个等级的标准不同。根据需要，增设"主动挑战区"和"免评区"，学生可主动挑战双倍积分或留级待评。评价方法设计能够体现学生在真实情境中综合运用英语进行理解和表达的能力。评价角度和表述方式科学合理，活动设计难易恰当，能够对学生作出准确、全面、客观、公正的评价。

教师在进行表现性评价设计的过程中，要有意识地为学生创设主动参与和探究主题意义的情境和空间，使学生获得积极的学习体验，成为意义探究的主体和积极主动的知识建构者。教师应设计由浅入深、关联递进、形式多样的学习活动以及与目标对接的评价活动，有效促进学生学科核心素养的提升。

（威海市：王丽英　江超　于冬红）

关键点之九："教—学—评"一致的设计

四年级下册：Unit 5 My clothes
（人教 PEP 版）单元整体教学设计例析

《义务教育英语课程标准（2022 年版）》明确提出，英语课程要推动"教—学—评"一体化设计与实施。在教学过程中，"教师要准确把握教、学、评在育人过程中的不同功能，树立'教—学—评'的整体育人观念"，实施"教—学—评"一致的课堂教学。笔者在《英语》（人教 PEP 版）四年级下册 Unit 5 My clothes 的单元整体教学设计中，对"教—学—评"一致的设计与落实尤为突出。

一、亮点呈现

要实现"教—学—评"一致，需进行逆向设计，基本路径为：首先围绕核心素养，确定学习目标；其次基于学习目标，设计评价任务；再次指向评价任务，规划学习活动。学习活动指向评价任务，评价任务匹配学习目标，目标、活动、评价相统一，才能真正做到"教—学—评"一致。

二、亮点分析

（一）围绕核心素养，确立学习目标

"教—学—评是基于目标展开的专业实践。"[①]目标是评价任务和教学活动设计的总纲领，起到导向和检测两大功能。确定准确的目标是首要任务。确定教学目标应从课程标准、教材、学情、资源等多个维度去思考。

1.跨学科分析课标。

《义务教育课程方案（2022年版）》《义务教育劳动课程标准（2022年版）》中都涉及物品的整理与收纳，所以我们决定本单元教学以《英语》（人教PEP版）四年级下册Unit 5 My clothes教学内容为主干，运用《义务教育劳动课程标准（2022年版）》中关于衣物收纳整理的方法，整合两个学科中的小组合作法、活动探究法，开展综合学习。

2.多方面分析教材。

教材是课程的核心资源，分析教材是把握学生学习重点的重要依据。通过教学材料、教学内容、实践活动、基本问题以及课程资源分析，我们确定本单元主题意义为"Keep good habits, create a better life."，基于有些学生在生活中存在丢三落四习惯的问题，分析问题，提出解决问题的途径：开展一场以"生活技能、习惯培养之旅"为主题的夏令营活动。

3.全方位分析学情。

在学情分析中，我们针对本单元教学内容，分析学生的已知、应知和想知，把握学生的学习基础，同时分析学生的生活经验、心理认知特点、年龄特点、思维特点等，为确定目标提供依据。

---

① 崔允漷、雷浩：《教—学—评一致性三因素理论模型的建构》，《华东师范大学学报（教育科学版）》，2015年第4期。

4. 深层次挖掘课外资源。

课外资源是对课内资源的有效补充和扩展,本单元补充绘本 *The King's New clothes*,助力单元主题意义的达成。

整合分析结果,叙写教学目标,明确教评依据,具体如表1。

表1　单元教学目标、对应语篇及拟解决的基本问题

单元教学目标	语篇	拟解决的基本问题
1. 学生能在语境中,运用所学语言与小组成员交流,能根据衣物特征询问并了解物品的归属,意识到整理衣物的重要性。	1. 对话 Finding clothes' owner A. Let's talk&learn （1课时）	1.Why are there so many things left after school？ 2.And how to solve the problems?
2. 学生能在老师和同伴的帮助下,懂得对衣物进行分类,学会整理收纳。	2. 对话 Putting away clothes B. Let's talk&learn （1课时）	How to sort and tidy up clothes so that you can find what you want easily?
3. 学生通过夏令营之旅,锻炼整理打包和管理个人物品的能力,养成有序整理个人衣物的好习惯。	3. 配图短文 Packing clothes B. Read and write （1课时）	How to pack up so that you would not forget something or take others' things by mistake?
4. 通过参加不同场合的活动,学生能学会在不同场合穿搭不同衣物,并在旧物改造过程中建立朴素大方的审美观。	4. 配图故事 Dressing up suitably C. story time: *The King's New Clothes* （1课时）	How to dress up properly in different occasions?

（二）基于教学目标，设计评价任务

评价任务是连接教学目标和教学活动的桥梁,它上承教学目标,下接教学活动,意义重大。评价任务要精确指向教学目标,贯穿教学全过程。

本单元依据教学目标,结合学校"习惯养成月"活动,以培养学生良好习惯为导向,以物品整理、外出打包小达人评选为单元大任务。在单元大任务下分解出四个子任务。子任务基于教学目标,层层推进,落实大任务。教学目标及评价任务具体见表2。

表2　教学目标及评价任务

对应目标	任务推进	活动设计	语言内容	评价方式
单元目标1	子任务1： Volunteers at the Lost and Found	在班级失物招领处争当志愿者，展开"帮物品找主人"小调查。	Is this yours? Are these ...'s?	教师评价 学生互评
单元目标2	子任务2： To be a helper at home	帮忙整理家人衣物，录制视频并上传，参加"物品整理小达人"评选。	Whose... is this/that ? Whose... are these/those?	教师评价 家长评价 学生互评
单元目标3	子任务3： Packing clothes for the summer camp	为暑期出游整理打包衣物，录制视频并上传，参加"外出打包小达人"评选。	This is my coat. These are...	教师评价 家长评价 学生互评
单元目标4	子任务4： To be a fashion designer	以小组为单位，利用旧物，合力为不同场合设计服装，评选出最佳创新设计师。	First, let me... Then...	教师评价 学生互评

三、指向评价任务，规划学习活动

落实评价任务，需要规划精准的教学活动。为确保活动的有效性，每个教学活动的设计都应指向教学目标，让评价任务、教学效果有据可依，见表3。

表3　教学活动设计

对应目标	子任务	教学活动
单元目标1	子任务1： Volunteers at the Lost and Found	1. Help Mr Ma find the owners of the clothes. 2. Find the owners for the objects at the Lost & Found.
单元目标2	子任务2： To be a helper at home	1. Help Sarah and Mum put away the clothes. 2. Know how to put away clothes.

续表

对应目标	子任务	教学活动
单元目标 3	子任务 3： Packing clothes for the Summer camp	1. Help Sarah and Amy pack their clothes. 2. Sum up the ways of packing clothes.
单元目标 4	子任务 4： To be a fashion designer	1. Describe how to make new clothes with old clothes. 2. Sum up how to dress properly.

综上所述，我们不难发现，实施"教—学—评"一致设计，一要确立素养导向的教学目标，二要设计匹配目标的评价任务，三要规划完成任务的教学活动，如此，才能真正做到以教定评、以评促教、以评促学。另外，此设计路径不但对单元整体教学设计适用，对课时教学设计同样适用。

（临沂市：于合美　凌菲）

四年级上册：Unit 4 Seasons
（鲁科版）单元整体教学设计例析

《义务教育英语课程标准（2022年版）》指出，要坚持以评促学、以评促教，使评价贯穿英语课程教与学的全过程，要注重发挥学生的主观能动性，要注重引导教师科学运用评价手段与结果实现教学相长。由此可见，在单元整体教学设计中，对课堂评价进行整体设计，并融入整个教学过程中，师生共同参与，才能发挥评价对教学的促进作用，发挥评价的育人功能。在《英语》（鲁科版）四年级上册 Unit 4 Seasons 这一单元的评价设计中，我们进行了实践。

一、亮点呈现

我们以单元教学目标为引领，进行"教—学—评"一致的单元整体教学设计。真实的评价任务、多元的评价方法，在层层递进的评价任务中学生的学习真正发生。

二、亮点分析

本单元的主题为 Seasons，通过分析可发现本单元缺少大情境及大任务来推动单元教学、所蕴含的关于四季的文化背景知识欠缺，因此我们进行了单元整合，通过对课程标准、学情、教材进行分析，制定出本单元的教学目标。在学生制订研学旅行计划、介绍自己的研学情况、进行"我为临淄代言"系列研学实践汇报等系列表现性评价活动中，通过评价标准的指引，学生的学习进阶情况清晰可见。具体见表1。

表1　教学目标及对应语篇、评价设计

教学目标	语篇	评价任务	评价标准
1. 在"齐八大景"情境中，借助音视频资料，从不同角度观察、识别不同季节的特点，体验并描述四季变化。	1. 配图短文 It's spring in Linzi.（1课时）	我是临淄小导游：初步介绍临淄天气特点。	1.Asking and answering correctly.（问答正确） 2.Speaking fluently.（表达流畅） 3.Acting vividly.（表现自如）
2. 结合临淄齐文化景点的特点和四季的相关知识，介绍临淄四季之美，有条理地表达喜欢的季节及原因，享受英语学习中的乐趣。	2. 对话语篇 What season do you like?（1课时）	我眼中的临淄：利用研学手册介绍自己喜欢的季节。	1.Using reasonable structure.（结构合理） 2.Speaking fluently.（表达流畅） 3.Cooperating well.（积极与他人合作） 4.Acting vividly.（表现自如）
3. 探索临淄与其他地区四季及文化的不同，积极提出问题，主动与他人合作，制订自己组内的研学旅行计划，增强对家乡文化的认同感，热爱自己的家乡和文化，通过对课外绘本的阅读，拓展对四季的认知。	3. 绘本故事 I am a bunny.（1课时）	秀秀我的研学计划：展示临淄的四季特点。	1.Using reasonable structure.（结构合理） 2.Speaking fluently.（表达流畅） 3.Cooperating well.（积极与他人合作） 4.Using good sentences.（使用好句） 5.Sharing your views.（发表自己的观点）
4. 在教师的指导和帮助下，用小诗、短文、手抄报、连环画等方式记录家乡四季的变化，为家乡临淄代言。	4. 研学汇报 Welcome to Linzi.（1课时）	我是临淄小导游：综合介绍临淄的四季。	1.Using reasonable structure.（结构合理） 2.Speaking from different aspects.（维度丰富） 3.Speaking fluently.（表达流畅） 4.Using good sentences.（使用好句） 5.Sharing your views.（发表自己的观点）

（一）评价设计整体化

我们采用"以终为始"的"逆向设计"方法，将教学设计的三个环节"确定学习结果、评量学习设计、制订学习计划"有机结合起来，使单元所有的教学活动都指向教学目标，通过系列活动达成目标。

在本单元中，我们以"学生能通过'我为临淄代言'研学实践，用本单元目标语言介绍临淄，传递齐文化"为最终教学目标，以任务驱动的方式带动学生深度参与。每节课教学目标对应相应的评价内容、评价方法，通过课堂问答、绘本学习、研学活动，将评价融入教学过程中。通过相对应的评价量规，让学生明晰自己的学习目标，了解自己的学习结果，确保单元教学目标的实现。

（二）评价实施多元化

《义务教育英语课程标准（2022年版）》提出："教学评价应采用多种评价方式和手段，体现多渠道、多视角、多层次、多方式的特点。"在教学过程中，教师、学生要成为评价的主体，通过教师评价、学生自评、同伴互评的方式开展评价活动。教师要运用交流式评价、表现性评价、纸笔测试、档案袋评价等多种评价方法相结合的方式，不仅关注对学生知识和技能的评价，而且关注对学生德、智、体、美、劳等方面的全面评价。

在本单元中，教师将课堂提问、课堂观察的交流式评价贯穿始终，和学生共同梳理出 Seasons 表达的语言结构，将研学活动、制作研学手册等系列表现性评价活动贯穿在整个单元教学过程中。研学手册的制作、系列作业的完成（也包含了纸笔测试的内容）以及研学手册的呈现（亦可作为学生档案袋评价的内容）都是评价的一部分。

（三）评价过程连续化

在评价过程中，我们要关注学生学习内容之间的进阶关系和横向关系，注重跨学科评价，展现学生经历多次评价后的进步程度。

本单元，我们带领学生从介绍家乡四季的特点及相关活动，到制作融合家乡四季的研学手册，随着学习活动的不断进阶促进学生素养的综合发展。在每一个评价任务中，师生都能够根据评价量规进行取长进阶性评价，学生的评价能力、教师对评价结果的运用能力都在不断发展，同时也实现了跨学科融合：中华古典诗词、二十四节气、家乡地形地貌、相关连环画、田间耕种、课外研学实践等，都在英语课堂上得到了呈现。

（四）评价情境生活化

课程标准指出，要引导学生结合个人生活经验和社会生活需要，围绕特定主题，由真实的问题或任务驱动学习和评价。

在评价实践中，既要对学生的静态学习经验和知识学习进行评价，又要注重联系学生生活和社会生活实际，注重评价的情境性和真实性，对照学生动态发展的学习经验和核心素养，促使学生在学以致用的过程中形成正确的世界观、人生观和价值观。

在本单元，学生通过观看自己家乡四季的视频，了解、学习四季的名称及特点；教师通过设计区分常见的四季代表性花卉、二十四节气等评价任务，引导学生将所学内容与生活和常识紧紧联系在一起。通过学习，学生能够结合自己家乡的特色景点初步运用所学进行综合表达，使所学新知与真实生活紧密连接。学生通过制订研学计划、运用所学向游客介绍临淄及为家乡临淄代言等系列活动，在真实的任务驱动下，培养了爱家乡、爱祖国的情感。

课堂评价融入教学之中，成为教学的有机组成部分，可以使教、学、评在持续的良性互动中最大限度地达成教学目标。在实施课堂评价的过程中，学生事事有收获、时时有进步，核心素养不断发展，真正实现了能力提升。

（淄博市：朱红梅　姜叶青）

四年级上册：Unit 5 Dinner's ready
（人教 PEP 版）单元整体教学设计例析

《义务教育课程方案（2022 年版）》指出，要"强化学科内知识整合，统筹设计综合课程和跨学科主题学习……开展跨学科主题教学，强化课程协同育人功能"。《义务教育英语课程标准（2022 年版）》指出，应"设立跨学科主题学习活动，加强学科间相互关联……"在教学建议中提出"要加强单元教学的整体性"。可见，借助单元整体教学和跨学科教学培养学生的核心素养是我国今后教学改革的重要任务之一。

《英语》（人教 PEP 版）四年级上册 Unit 5 Dinner's ready 围绕"晚餐"这一主题，通过 Mike 家、Wu Binbin 家、John 家、超市餐饮区、饭店等不同场景中的各式晚餐，带领学生学习关于用餐建议和餐具等的词汇和句型，体会借助饮食传达的对家人、朋友的情感和中西方饮食文化的异同，涉及道德与法治、科学、美术、音乐等不同学科的内容，适合开展以英语学科为主的跨学科教学。

一、亮点呈现

（一）围绕单元主题，使核心素养具象化

围绕"晚餐"这一主题，可探寻各学科内容与本单元教学内容的契合点，进行跨学科设计，如数学的统计与分析、科学的膳食宝塔、美术的绘画、音乐的歌唱、劳动的拼盘制作、信息技术的搜集信息、道德与法治的情境展示等。学生在学习知识、提升表达交流能力的同时，逻辑思维、艺术素养、科学精神等适应终身发展和社会发展需要的必备品格和关键能力也会得到一定提升。

（二）突出学生主体，链接学生真实生活

创设春节 Happy party 的大任务：确定参加节日聚会的亲友名单，调查每位亲友的用餐喜好和熟悉的餐饮文化；设计餐桌布局，尝试制作美食，营造聚会氛围；热情招待亲友，并参与家庭聚会的全过程。学生在完成这一任务的过程中可运用所学知识，融合多学科技能，自主建构和内化新知，发展独立思考和合作解决问题的能力。

二、亮点分析

（一）融合道德与法治

Lesson 1：读图感受妈妈对家人的爱与尊重，体会父母的养育之恩；为妈妈设计晚餐，提升家庭责任感，增强担当精神和参与能力，为建立良好的家庭关系作出自己的贡献。

Lesson 2：学习对话，感受主人对客人的尊重、对中西方不同文化的尊重，了解社会交往的基本规则；借助 Mike 主动选择筷子就餐的场景，感受外国友人对中国文化的喜爱，不断增强民族自豪感和自信心，形成中国人的身份认同感，并为传播中国文化尽自己的力量。

Lesson 3：通过在超市餐饮区共进晚餐，形成表达自己感受、倾听他人意见、体会他人需要的意识；通过朋友之间的互助合作，掌握基本的交往礼仪；通过妈妈鼓励 John 尝试用筷子吃面条的场景，形成勇于尝试新事物的意识。

Lesson 4：通过 Zip 点餐，明确公共生活中基本的道德要求和行为规范，并在日常生活中践行；通过开放性问题"如何评价 Zip 的点餐"，养成合理点餐、杜绝浪费、剩餐打包的勤俭节约的良好习惯和品质。

（二）融合数学

Lesson 1：调查组内同伴喜爱的食物，制作条形统计图；了解简单的收集数据的方法，并通过对数据的简单分析，体会运用数据表达与交流的作用。

Lesson 4：续写结局，完成账单，强化运算能力，体会英语与数学及其他学科、与生活的联系，提升思维能力和认知能力。

（三）融合科学

Lesson 1：借助"中国居民平衡膳食宝塔"，把营养与美味结合起来，树立合理选择食物、关注营养与健康的饮食习惯。

（四）融合音乐

对 Lesson 1 和 Lesson 3 中的 chant 进行创编，巩固难点单词 vegetable 的发音，熟练掌握 e 在单词中的不同发音。

学习歌曲 *What would you like?* 通过欣赏、跟唱、齐唱、表演唱等形式，感受音乐的节奏，提升审美情趣。

（五）融合劳动

Lesson 2：制作沙拉，体会动手制作美食的成就感与分享的快乐，懂得在劳动中遵规守约，初步养成有始有终、专心致志的好习惯和品质。

（六）融合信息技术、美术、综合实践

Lesson 2：课后尝试自制沙拉，录制小视频分享，表现对家庭的责任与担当。

Lesson 3：通过调查、介绍中西方餐桌形状、座次、菜肴，了解中西方餐饮文化差异，建立事实与观点之间的联系，初步掌握重组思维、突破定势等创造性思维的基本方法，并针对事物的外在特征提出合理的建议。

Lesson 4：借助春节 Happy party 的单元大任务，根据前期对参加聚会的亲友饮食喜好的调查，设计聚会食谱、购买食材、装扮聚会环境、参与菜品制作（沙拉、牛肉面等）、招待亲友，感受亲友间彼此关爱与中国传统节日的完美结合。

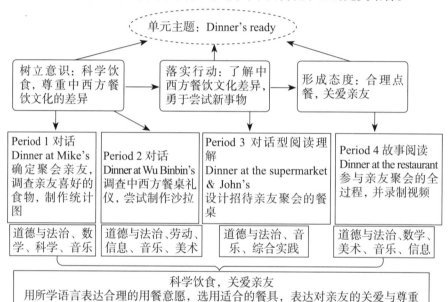

图 1　单元整体教学设计框架图

总之，本单元的整体教学设计基于真实情境，最大限度地挖掘和整合了家庭、学校、社区和社会的多种资源，激活学生的表达热情，丰富学生的英语学习体验，真正让学生成为学习的主体，并引导他们在活动中学习理解、应用实践、迁移创新，用所学语言表达用餐意愿和对亲友的关爱与尊重，树立起科学饮食的观念。

（济南市：侯晓霞　冀民　舒芙蓉　李聪　路芸梦　王宇）

关键点之十一：作业设计是否合理

六年级上册：Unit 3 My weekend plan
(人教 PEP 版) 单元整体教学设计例析

布置作业是对课堂教学的延续，是学校育人的一种途径。指向全面育人功能的单元作业设计必然关注学生核心素养的养成，凸显课内外知识的系统性和延展性。英语教师要审视"单元作业目标意识建立随意化""单元内容与课时内容碎片化""单元作业与评价割裂化"等问题，关注"五育融合"，促进学生的学业质量和学习能力向纵深发展。可见，设计具有"高结构""强关联"和"共成长"特质的单元作业，是使学生拓展原有知识框架、形成能力、积淀素养的必经之路。

一、亮点呈现

本单元的作业设计从单元整体角度出发，考虑作业和单元整体教学的相关性，关注作业的整体性、功能性、结构性、层次性、多样性和趣味性，整体设计作业内容。单课时作业内容立足对教学内容的拓展和延伸，课时作业之间层层递进，相互关联。

二、亮点分析

（一）单元作业的整体性和递进性

笔者在设计《英语》（人教 PEP 版）六年级上册 Unit 3 My weekend plan 的单元作业时，紧紧围绕"计划"这一情境，注重课时作业间的层层递进，具体内容如下：

第一课时作业为调查亲友的周末计划，并填写调查记录表。其目的是在实际生活中理解制订计划的重要性，从 what 维度练习对周末计划的问答。

第二课时从 where、when、how、what 四个维度设计"近郊游"周末出行计划，做好出行准备工作。

第三课时将出行计划进一步细化，依据 SMART 原则，制订到达出行地点后的游玩计划，使计划更科学、具体、可测量。

第四课时结合实际生活，引导学生从周末计划拓展到节日计划。作业内容为完善课堂上所列的春节计划，并尝试仿写春节藏头诗，引导学生感受中华优秀传统文化，培养文化自信。

制订计划的目的是落实计划。结合课时内容，确定第五课时作业为阅读绘本 A savings plan。让学生体会落实计划的成就感和幸福感，并结合生活经验，提出落实计划的好建议并进行分享。

从初步了解周末计划，到制订周末计划，再到完善周末计划，接着迁移到制订有意义的节日计划，最后落实计划，本单元作业紧紧围绕"计划"这一情境，以课时内容为依托，实现了单元作业设计的整体性和递进性。

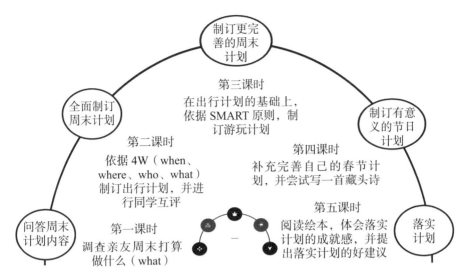

图 1 作业设计整体思路图

（二）作业设计的多维度和区分度

1.作业概述。

以本单元第二课时为例，语篇通过描述 John 和 Jack 的活动计划，使学生学习并掌握制订计划的四要素——when、where、who、what，引导学生学会全面思考并制订计划，合理安排学习与生活。

本课时作业设计情况见表1。

表 1 第二课时作业设计

作业目标	学生能运用本课所学语言知识及技能，围绕 when、where、who、what 四个方面制订自己的旅行出行计划，规划好出行前的准备工作。
设计意图	通过绘制出行计划图，检测学生对制订计划的四要素的掌握情况，培养学生提取、归纳关键信息制作思维导图的能力；通过同伴对话，检测学生对本课所学重点句型的掌握情况以及能否流利运用所学语言表述个人计划
语言技能	☑听　　□说　　□读　　□看　　☑写
认知水平	□记忆　　☑理解　　☑应用　　□分析　　☑评价　　□创造
作业形式	□听力作业　　☑口头作业　　□阅读作业　　☑书面作业　　□实践作业
完成时间	20分钟

续表

作业评价	☑学生自评　　☑教师评价　　☑同伴互评		
作业内容			

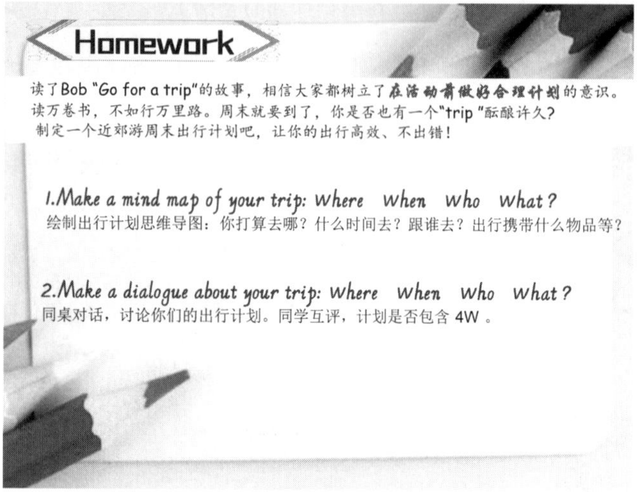

My Trip Plan 思维导图评价量表

评价维度	评价等级及标准			建议与反馈
	★★★	★★	★	
正确性	关键词把握准确，书写正确无误	关键词把握较准确，有较少错误（1—2处）	关键词把握不准确，错误较多（3处及以上）	
完整性	问题考虑全面，包含4W	问题考虑较全面	问题考虑欠全面	
结构性	思路清晰，层次分明，深度适中	思路较清晰，层次较分明，深度不够	思路不清晰，层次不太分明	
美观性	色彩多样，整体美观性强	有色彩对比，整体美观性一般	无色彩对比，整体美观性差	
总体评价	优秀10—12颗★　　　良好7—9颗★　　　合格4—6颗★			

（表格左侧标注：**评价量表**）

2. 作业分析。

多维度。针对本课内容，从作业目标、设计意图、语言技能、认知水平、作业形式、完成时间、作业评价、作业内容和评价量表九个维度出发制定本课时作业，关注作业的整体性、功能性、结构性、多样性和趣味性等。

区分度。作业设计的评价量表细化为评价维度、评价等级及标准以及建议与反馈，以实现作业设计的单个维度区分和总体评价区分。

单个维度区分：以 My trip plan 思维导图评价量表为例，为了汇总学生的掌握及完成情况，笔者分别从正确性、完整性、结构性和美观性四个维度出发设计了三个等级的评价标准，评价标准具体、可测量。如"正确性"一项分为三个等级——三颗星的标准为关键词把握准确，书写正确无误；两颗星的标准为关键词把握准确，书写有 1—2 处错误；一颗星的标准为关键词把握准确，错误较多，达到 3 处以上。

总体评价区分：总体评价处，依据学生得到的星星总数区分为合格、良好和优秀三个等级。

（三）单课时作业的情境性和延展性

单课时作业的设计原则是实现对课时教学内容的拓展和延伸。在主题意义引领下，通过创设作业情境链接学生实际，以任务驱动，助力"情境—语言—思维—学习能力"的融合推进，践行学思结合、用创为本的英语学习活动观，多维度促进学生的语言学习和实践。

1. 作业概述。

本单元第五课时通过"Sally's plan"和"Zoom 学游泳"两个语篇故事，使学生感悟落实计划的重要性，学会依据制订的计划落实具体的行动，并引导学生形成"Learn by doing"（在做中学）的积极态度和方法。

针对本课内容，作业设计如表2。

表 2　第五课时作业设计

作业目标	1. 通过查阅资料、联系上下文推测、借助图片推测等方式读懂绘本故事 *A savings plan*，体会落实计划并成功后的幸福感和成就感。 2. 结合实际生活，思考在落实计划的过程中还有哪些好的方法，以便在生活中更好地落实计划，发挥课程的育人价值。
设计意图	1. 绘本故事中含有生词，给学生提示，让学生通过查阅资料、联系上下文推测、借助图片推测等方式尝试阅读，培养学生的推测能力、自主阅读能力及查阅资料能力。 2. 通过绘本故事让学生再次体会落实计划的重要性及成功落实计划后的成就感。 3. 在绘本故事后设置检测题用以检测学生是否读懂了绘本故事。 4. 在挖掘课本故事育人价值的基础上拓展延伸，让学生从课本走向实际生活，思考落实计划时的其他好建议或者想法，实现语言学习与课程育人的融合统一。
语言技能	□听　　□说　　☑读　　☑看　　☑写
认知水平	□记忆　　☑理解　　☑应用　　□分析　　□评价　　☑创造
作业形式	□听力作业　　□口头作业　　☑阅读作业　　☑书面作业　　□实践作业
完成时间	20 分钟
作业评价	☑学生自评　　☑教师评价　　☑同伴互评
作业内容	*Homework* **1. Try to read the story *A savings plan* and finish the exercise.** 读懂绘本故事（通过查阅资料、联系上下文推测、借助插图推测等方式）了解 Lisa 是如何落实自己的计划的，并完成绘本故事后的检测题。 **2. Write down other advice of carrying out the plan and share with us.** eg: Don't be afraid of failures. Just try! 写一写落实计划的其他好建议并分享给我们。 如：不要害怕失败，多尝试。

2. 作业分析。

第一项作业：让学生通过阅读绘本故事，完成对应的练习题，体会落实计划的重要性，在课时学习的基础上，继续感受计划成功落实后的成就感和幸福感。

第二项作业：引导学生结合实际生活，思考落实计划的好建议并分享，实现语言学习与课程育人的融合统一。本项作业的育人价值可总结如图2。

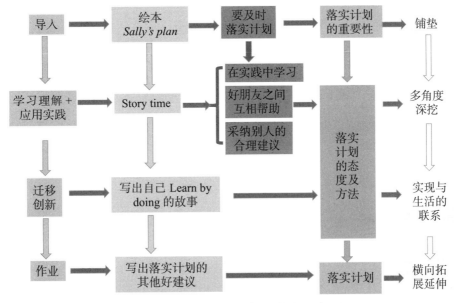

图2　第五课时作业育人价值框架图

本课时的 Story time 旨在引导学生落实计划时做到：在实践中学习、好朋友之间互相帮助、采纳别人的合理建议。在此基础上，接下来的作业设计为写出自己 Learn by doing 的故事、写出落实计划的其他好建议。在落实计划的情境中，实现教学内容的拓展和延伸。

《义务教育英语课程标准（2022 年版）》中英语学科核心素养强调知识、能力和态度的整合，强调在变化的情境中使各素养融合在一起发挥作用。

本单元的作业设计以单元整体教学目标为统领，与分课时教学目标相呼应，设计层层递进、相互关联的作业，旨在利用契合单元整体教学目标的作业设计，激发学生学习英语的热情，培养其思维能力，提升其英语学科核心素养。

（滨州市：王亚囡　李秀秀　冯晓　贾文颖　王思明）

五年级上册：Module 9

（外研新标准版·三年级起点）单元整体教学设计例析

一、背景分析

　　《义务教育英语课程标准（2022年版）》指出："教师应根据不同学段学生的认知特点和学习需求，基于单元教学目标，兼顾个体差异，整体设计单元作业和课时作业……教师应创设真实的学习情境，建立课堂所学和学生生活的关联，设计复习巩固类、拓展延伸类和综合实践类等多种类型的作业……引导学生在完成作业的过程中，提升语言和思维能力，发挥学习潜能，促进自主学习。"单元作业设计的落脚点是发展学生的听、说、读、看、写等各项技能，使学生最后能够创造性地建构意义，从而达成作业育人的目标。现以《英语》（外研新标准版·三年级起点）五年级上册第九模块为例，探讨如何依据课程标准要求，立足单元整体教学，优化作业设计。

二、亮点呈现

　　在单元人文主题的引领下，我们注重单元结构内部的横向联系，注重体现立德树人的观念，同时注重基础、拓展、实践三大作业类型之间的纵向联系，采用多元评价的方式，使得学生能够利用作业提升能力，同时处处体现差异性、趣味性和多样性。

三、亮点分析

（一）主线突出，体现阶梯式上升

本单元，围绕 Embrace your feelings 这一主题，我们设计了四项课时作业。以"情绪记忆球"为情境主线，作业目标从认识情绪到理解情绪产生的原因，再到习得管理情绪的策略、理解并接纳每一种情绪，体现了语言能力螺旋上升的学习过程。从每个课时的拓展性作业来看，第一课时让学生收集"情绪记忆球"，采访并记录不同的情绪；第二课时让学生制作英文情绪小绘本 *My Colorful Feelings*，思考情绪来源；第三课时让学生根据自己的生活经验创编 chant，并制作爱心便条，给别人提供排解不良情绪的建议；第四课时的作业为综合实践类作业，让学生记录一周的情绪并制作 My feeling calendar，引导学生逐渐从基于语篇的学习走向真实生活。

（二）多样设计，兼顾个体差异性

根据作业目标，我们设计了基础性作业、拓展性作业和实践性作业供学生选择，作业层次能满足大部分学生，达到了"有针对性地巩固和提升"这一目标。以第二课时的作业为例，98% 的学生能完成基础性作业，100% 的学生能完成拓展性作业中的步骤 1，76% 的学生能准确完成步骤 2。

第二课时作业内容如下：

1. 基础性作业：

I can retell feelings of the four pupils in Activity 2.

根据思维导图复述活动2文本内容。

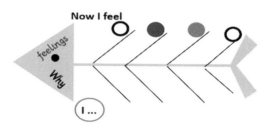

2. 拓展性作业：

Draw my feeling picture book.

借助任务单中的思维导图制作自己的英文情绪小绘本——My Colorful

Feelings。

绘本封面示例

步骤1：Draw what makes you happy/sad/tired...

例如：

步骤2：Write according to your pictures.

例如：I feel ＿＿＿ when I ＿＿＿＿＿＿＿.

（三）学科整合，增强作业丰富度

本单元作业融合了心理健康学科中情绪和色彩的相关知识，同时体现了和美术学科相结合的跨学科融合性，更能激发学生的兴趣与学习愿望，让学生在练习巩固的过程中，逐步习得调节情绪的方法，形成积极的生活态度，同时也丰富了作业类型。例如前面提到的第二课时的制作英文情绪小绘本作业和第三课时的制作爱心便条作业，学生在为别人提供排解不良情绪的建议的同时，也提升了自身处理不良情绪问题的能力。

（四）多元评价，促进自主学习

坚持评价主体、评价方式和评价内容的多元化。做到对学生的作业进行完整的、全面的、系统的评价，从而真正有效地检测教学目标的完成情况，全面系统地评估学生语言运用能力和核心素养的提升度，促使学生进行自主学习。

第三课时拓展作业的评价标准见表1。

表1　第三课时拓展作业评价标准

评价指标	评价等级			评价方式	
	★	★★	★★★	学生自评	教师评价
完成度	能根据模板完成1—2句chant编写，内容较少。	能根据模板合理编写3—4句chant，内容不够充分。	能根据模板合理编写4句及以上chant，内容丰富。		
正确度	语法、拼写有3处及以上错误，建议可执行性弱。	语法、拼写有1—2处错误，个别建议可执行性不强。	语法、逻辑无错误，建议合理。		
美观度	书写不规范，图片绘制较少或不美观，不贴合文本内容。	书写规范，图片绘制较美观，贴合文本内容。	书写认真规范，图片绘制美观大方，十分贴合文本内容。		
合计星星总数：					

四、实践过程

（一）单元整体设计，制定作业目标

本单元的主题意义是用所学语言表达不同情绪及产生情绪的原因，理解并接纳每一种情绪，科学调控情绪，悦己达人，形成积极的生活态度。笔者首先基于此分析单元整体目标，规划课时目标，进而基于教学目标，制定对应的作业目标，见表2、表3。

表2　单元教学目标及课时教学目标

语篇	单元教学目标	课时教学目标
1	1. 学生能够运用所学语言与小组成员交流讨论、记录同伴的情绪状态，并向全班介绍。	1. 能认、读、拼写本课时所学单词。 2. 能用本课时所学词汇和语言表达自己的情绪、询问他人的情绪。
2	2. 学生能够利用情绪箱收集自己近期的情绪信息，讨论和分享体验最明显的一种情绪及原因，并在班级内展示介绍。	1. 借助语言输出框架和提示，梳理和感受他人不同情绪及产生的原因，树立共情意识。 2. 结合自己的生活经历，利用思维导图和绘本创作的形式，图文并茂地表达自己的生活经历、情绪感受和做法，能够准确分析不同情绪及产生原因，发展语用能力。
3	3. 学生能够借助图片阅读绘本，梳理绘本信息，描述主人公的情绪变化及平息怒气的方法。 4. 与同伴交流分享，并整理出调节情绪的好方法。	1. 能够借助思维导图，运用所学语言，完整、流利地复述绘本内容。 2. 能够通过创作爱心便条，运用所学的知识，结合自身生活经验，为自己和他人排解不良情绪提出合理建议，悦己达人。
4	5. 创意设计"情绪剧本"，通过表演，描述情绪产生的原因及优化情绪的策略。 6. 设计"Be positive to life"信条，并以此激励自己。	1. 观察自己一周的情绪状态，在表格中记录每天真实的情绪、产生情绪的原因和可以怎么做三项内容，更真实地了解自己。 2. 能通过与同伴分享了解他人的情绪状态和应对方式，并给出合理评价，与同伴互相学习，提升对自己情绪的认知和应对能力。 3. 通过总结一周情绪的变化，懂得如何合理调节情绪，乐观积极地面对生活。

表 3 课时作业目标

语篇	课时作业目标
1. 小学生对话 Knowing about different feelings （1 课时）	1. 能认、读、拼写本课时所学单词。 2. 能用本课时所学词汇和语言表达自己的情绪、询问他人的情绪。
2. 小学生独白 Reasons of the feelings （1 课时）	1. 借助语言输出框架和提示，梳理和感受他人不同情绪及产生的原因，树立共情意识。 2. 结合自己的生活经历，利用思维导图和绘本创作的形式，图文并茂地表达自己的生活经历、情绪感受和做法，能够准确分析不同情绪及产生原因，发展语用能力。
3. 配图故事 Dealing with feelings properly （1 课时）	1. 能够借助思维导图，运用所学语言，完整、流利地复述绘本内容。 2. 能够通过创作爱心便条，运用所学的知识，结合自身生活经验，为自己和他人排解不良情绪提出合理建议，悦己达人。
4. 配图短文 Be positive to life. （1 课时）	1. 观察自己一周的情绪状态，在表格中记录每天真实的情绪、产生情绪的原因和可以怎么做三项内容，更真实地了解自己。 2. 能通过与同伴分享了解他人的情绪状态和应对方式，并给出合理评价，与同伴互相学习，提升对自己情绪的认知和应对能力。 3. 通过总结一周情绪的变化，懂得如何合理调节情绪，乐观积极地面对生活。

（二）基于目标导向，设计单元作业

本单元第四课时的作业设计了完成情绪记录表、小组展示交流、反思完善和制作情绪日历这一层层递进的任务链。第一个环节的设计极具趣味性，展示了学生的认知思维，引导学生运用表情符号表示心情，融合了心理健康学科中情绪和色彩的相关知识，同时体现了和美术学科相结合的跨学科融合性。第二个环节给学生提供交流展示的平台，不仅锻炼了学生的口语表达能力，而且让学生在交流中碰撞出新的解决负面情绪问题的策略。第三个环节的设计体现了学科的育人价值，使学生在反思的过程中，逐步习得调节情绪的方法，形成积极的生活态度。第四个环节综合学生所学语言，聚焦学生的思维能力，考查学生的逻辑分析能力和信息整合能力。

第四课时综合实践类作业如下：

1. 制作个人一周的情绪记录册 My feelings，根据下表记录情绪、产生的原因和自己如何调节三项内容，对于产生的原因可以简单地画插画。记录一周后和同学交流分享，看看自己和他人的情绪状态及处理办法是否妥当，哪些需要改进或值得学习。

	Sunday	Monday	Tuesday	Wednesday	Thursday	Friday	Saturday
Feeling							
Reason							
What do I do							

2. 根据完善后的情绪记录册 My feelings，制作一周的情绪日历 My feeling calendar。

Word bank: happy, sad, angry, tired, bored, hungry, disgusted, fearful, tell feelings to family and friends, see a doctor, do exercises, draw pictures, watch TV, wear warm clothes, take a deep breath, count to ten
I felt... I...

评价标准：

项目	维度	评价等级			评价方式		
		★	★★	★★★	自我评价	小组评价	教师评价
语言	准确性	正确率≥50%	正确率≥70%	正确率≥85%			
内容	内容真实性	内容虚假，与自己的真实生活无关	内容比较真实，与自己的生活有一定的关联	内容真实，与自己的生活相关联			
	记录完整性	能记录1—2天的情绪信息	能记录3—6天的情绪信息	能记录6—7天的情绪信息			
	策略丰富性	情绪调控策略单一	能用到2—3条情绪调控策略	能用到4条以上情绪调控策略			
配图	美观性	比较工整，缺乏装饰	书写工整，围绕主题简单装饰	书写很工整，紧扣主题进行丰富多彩、创意十足的装饰设计			
合计星星总数：							
所获称号说明：获得40颗以上星星为"情绪小主人"，获得20—39颗星星为"情绪小管家"，获得10—19颗星星为"情绪小选手"。							

　　单元作业的本质追求与核心素养一致，以单元为单位整体设计作业，有助于避免以课时为单位设计作业容易出现的零散、孤立、割裂等问题，更有助于知识的结构化和问题解决的综合化，有助于核心素养的落实。

　　　　　（潍坊市：王中华　孙墨龙　曹雪艳　于栋萍　周永超　李倩倩）

四年级下册：Unit 4 Weekend
（鲁科版）单元整体教学设计例析

2021年7月中共中央办公厅、国务院办公厅印发了《关于进一步减轻义务教育阶段学生作业负担和校外培训负担的意见》，明确提出要减轻义务教育阶段学生的作业负担，"提高作业设计质量……系统设计符合年龄特点和学习规律、体现素质教育导向的基础性作业。鼓励布置分层、弹性和个性化作业"。《义务教育英语课程标准（2022年版）》提出："作业评价是教学过程的重要组成部分……教师应深入理解作业评价的育人功能，坚持能力为重、素养导向。"基于此，笔者在《英语》（鲁科版）四年级下册Unit 4 Weekend这一单元的整体教学设计过程中，特别关注了作业设计是否合理。

一、亮点呈现

本单元的作业设计基于课时内容，充分考虑了知识的连续性，涵盖了基础巩固、能力提升、思维拓展和实践探索等类型的作业板块，涉及听、说、读、写、看、画、做等方面。

（一）基于文本，设计基础巩固类作业

基础巩固类作业指向语言学习目标，对课堂教学内容进行梳理、巩固和总结。本单元的作业在设计时基于教材文本，从单元整体教学的角度去考虑单元内四个文本内容的横向联系。如在 Period 1 中设计了主教材情境图片结合语言支架的作业，引导学生通过选词填空的方式对文本进行梳理巩固，从课堂上的说的技能培养落实到写的技能培养上，巩固了对核心句型"I often... Sometimes I..."的表达，见图1。

Word Bank

do housework visit my grandparents

go to the museum help my mum

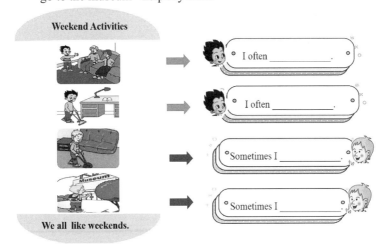

图 1　Period 1 作业

（二）提升思维，设计拓展延伸类作业

拓展延伸类作业通过设置真实语言情境，引导学生进行知识的迁移运用，提升语言表达能力。例如，为与学生生活相关联，Period 2 的作业设计了生活中常见的回信的形式。首先呈现 David 寄来的明信片，引导学生先通过阅读强化对核心句型"He/ She often... Sometimes he/ she..."等介绍他人周末活动的表达的输

入，然后通过回复 David 的明信片，以写的方式巩固核心语言的输出，见图 2。

Hi, my new friend! How are you? I'm from Britain. It's spring. It's warm. I usually play football at the weekend. Sometimes I go to Big Ben. My dad often goes fishing. My mum often goes shopping. Sometimes she goes to the cinema. What do you do at the weekend? David	Hello, David! I'm very happy to see your postcard. Spring in Yantai is beautiful. I often _____ at the weekend. My mum often/usually _____. Sometimes she ____ . My dad often/usually _____. Sometimes he _____. We have happy weekends. _____

图 2　Period 2 作业

（三）依托主题，设计实践探索类作业

实践探索类作业围绕单元主题 Great Weekend，引导学生通过完成特定主题的系列任务进行实践探索，重视语言学习的实践性和应用性。如 Period 3 设计了校园小记者的调查活动，让学生在校园里进行周末活动调查，在完成任务单的基础上进一步完成 Weekend Fun 的调查报告，见图 3。

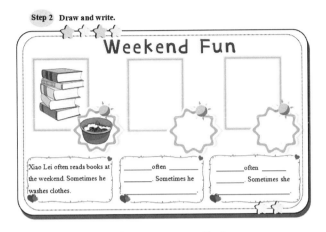

图 3　Period 3 作业

（四）借助情境，设计学科融合类作业

为彰显全科育人、知行合一的作业理念，Period 3 Weekend Fun 调查报告、Period 4 MyWeekend Diary（见图 4）等版块中都设计了绘画类任务，将英语语言知识与美术、综合实践等学科相结合。在完成这些作业的过程中，学生通过画、涂、写、折、分享等步骤，综合运用了本单元的核心语言，提升了审美能力。让英语学科走出了课堂，走进了学生的生活。

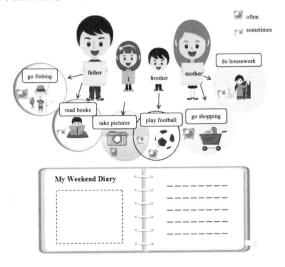

图 4　Period 4 作业

二、亮点分析

（一）聚焦生活，"学""用"一体启思维

本单元作业设计聚焦生活化情境，关注"学""用"一体，引导学生结合生活实际，从自身周末活动到家人周末活动，再到朋友周末活动，从制订计划到写日记，内容上更加丰富且具有个性。这些生活化的作业设计都能促使学生从生活环境中获取更多的语言信息，引导学生在真实情境中运用英语进行交流。学生在完成任务的过程中需要提取、分析和整合信息，并按照一定的逻辑顺序进行表达，分析问题、解决问题的能力得到提升与发展。

（二）任务驱动，"做""思"结合重实践

学生在日常生活中缺少完整而真实的英语学习环境，导致了课堂学习和课后实践的割裂，减弱了英语学习的效果。本单元作业设计从校园场景与社会场景出发，对接学生已有生活经验，从不同视角切入作业设计。例如设计了以下作业：借助班会语境，引导学生以 Weekend Fun 为主题，完成周末活动介绍；通过《烟台日报》调查周末活动的专栏采访任务，根据实际情况，填写针对自己和家人的 Weekend Activities 表格并完成针对小组成员的周末活动调查表，讨论交流后进行展示。多元的实践性作业为学生搭建了多样化的语言应用平台，丰富了学生的语用体验。

（三）迁移创新，"研""创"同行提素养

常见的词句抄写、语篇背诵、单项选择等作业形式只是让学生简单地对所学知识进行机械性重复，注重对于知识的记忆，对学生思维发展和素养提升所起的作用比较有限。本单元整体教学设计注重作业设计的创新性，在锻炼学生的分析、比较、评价等高阶思维的同时达到培养学生核心素养的目的。为达成

上述目标，案例中设置了创编迷你书册的作业，引导学生根据学习策略的指导画出一周的活动，在潜移默化中提升了学生的想象力和创造力。学生在完成作业的过程中既通过绘画展示了个性与创意，又通过文字描述促进了核心语言的运用内化，激发了学习潜能，关注了良好习惯和态度的养成，促进了自主学习。

　　英语作业的设计既要形式多样，充满趣味，又应以学生为中心，有层次，有进阶，有提升，凸显实用性。本单元的作业设计遵循了课程标准的相关理念和要求，根据小学生心理特征、学习习惯、兴趣爱好等巧妙设计，激发了学生学习英语的积极性和主动性，真正做到了聚焦学生核心素养提升，促进了英语学科核心素养的落地。

（烟台市：王丽敏　蒋雪　高媛媛　乔莎莎　王芳莹　李雨）

五年级上册：Unit 4 School in Canada
（鲁科版）单元整体教学设计例析

《义务教育英语课程标准（2022年版）》指出："教师应根据不同学段学生的认知特点和学习需求，基于单元教学目标，兼顾个体差异，整体设计单元作业和课时作业，把握好作业的内容、难度和数量，使学生形成积极的情感体验，提升自我效能感。"由此可见，我们在进行作业设计时不仅要依据国家的"双减"政策，还应立足课程标准，围绕单元主题及单课话题，根据单元目标和课时重点难点，设计着力提升学生核心素养的、多形式的基础性作业及实践性作业，通过提升作业质量，达到提质增效的效果。

一、亮点呈现

笔者将本单元整体教学设计中的作业设计亮点提炼为：作业设计融入单元整体教学语境，通过设置梯级作业任务，以语境、语篇带动语言学习及语言应用，注重语言实践，发挥学生潜能，力求达到语言学习与学科育人的双重目的。

第一课时的作业通过让学生利用网络搜集加拿大学校的概况，使学生更加全面地了解加拿大学生的学校生活，增强对学校生活的热爱。第二课时的作业通过让学生根据搜集的资料和生活经验设计理想校园，使学生感受校园的独特魅力。第三课时的作业通过让学生进一步发挥想象，预测未来教室的样子，使学生体验不同的班级特色。第四课时的作业通过让学生以语篇的阅读带动语言应用，引导学生合理规划自己的学习与生活，拓宽学生的文化视野。这一单元的作业设计力图通过巧设一系列实践作业，激发学生学习动机，减负提质，提升学生核心素养，最大限度发挥单元整体教学的优势。

二、亮点分析

（一）注重整体性和进阶性，关注实践应用

在单元主题统领下，每课时的课外作业设置了基础性作业和实践性作业两大类别。其中，基础性作业秉承"增强语言输入"的英语学习活动观，引导学生在听、读、说的基础上理解文本、梳理语言知识和文化知识，建立知识间的联系；实践性作业则重在"实践"，突出"情景化＋探究式"特点，将搜集资料、调查研究、合理想象融为一体，激发学生的探究兴趣，重在引导学生活学活用，利用英语解决生活中的实际问题。两种作业可用框架图表述如下：

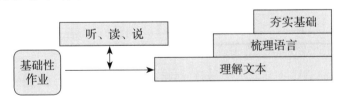

图 1　基础性作业框架图

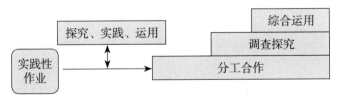

图 2　实践性作业框架图

实践性作业以任务单的形式呈现，我们从关注学生知识建构的整体性、素养培养的全面性和自我学习方法习得的过程性出发，在每个任务单中呈现了加拿大的标志性动物河狸，让学生通过统一的设计初步感知单元的整体性。

（二）分层作业兼顾个体差异，促进全面发展

基于学生间英语水平的差异性，为了满足学生学习英语的不同需求，本单元作业设计采取分层布置的方式：一是以听、读、说为主，鼓励所有学生单独完成的基础性作业；二是鼓励学生开展小组合作学习的、旨在提升能力的实践性作业。基础性作业注重增强学生的语言输入，引导他们进行语言操练。实践性作业则引导学生采用合作的方式学习。学生按照互补性原则建立小组，成员根据实践作业难度和自身长处进行分工，确保每位同学都能胜任自己的学习任务。学生在实践中体验到了成功，同时也体验到了合作的乐趣，达到了减轻学生学业负担、提升学生核心素养的双重目的。

（三）创设真实情境，链接课堂与生活

依据课程标准中"教师应创设真实的学习情境，建立课堂所学和学生生活的关联，设计复习巩固类、拓展延伸类和综合实践类等多种类型的作业"的要求，本单元作业设计结合 Colourful School Life 这一单元主题，以"如何设计心目中的理想校园并向他人介绍校园的设施环境"为核心问题，确定了"心目中的理想校园"平面图设计作业。学生通过实地考察，了解周边校园布局，并利用电脑或笔绘制出自己心中的理想校园。借助本单元目标语言，学生可学会用英语向他人介绍校园整体情况和环境设施。通过创设主题情境，激活了学生对学校生活的已有认知，使学生在已有知识经验和学习主题之间建立关联，深化主题意义、增强文化认同、巩固语言知识。

"心目中的理想校园"平面图样稿见图3。

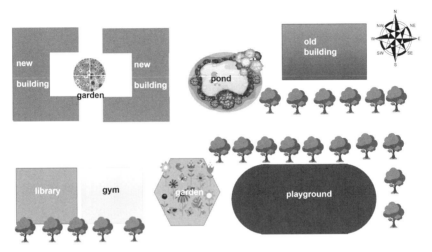

图 3   "心目中的理想校园"平面图样稿

（四）发挥育人功能，增强作业实效

进行单元作业设计时应充分考虑文化元素，以作业为纽带，引导学生进行文化对比，增强学生对中华文化的认同感，进而培养学生的文化意识，以发挥作业的育人功能。在完成本单元作业的过程中，学生利用网络搜集加拿大学校概况，加深对加拿大学校的认知，在此基础上，对自己社区周边学校和教室进行调研，对比中加学校文化的异同。同时，教师要注重引导学生发现不同，接纳不同，在学习、运用语言的同时发现自己所处校园的美好，增强对中国校园文化的自信，提升民族自豪感。如此，学生既在实践中运用了所学语言，又增强了对周边校园文化的认同感。

同时，作业设计应基于语篇，巧妙融入单元主题，引导学生在阅读中思考，进行正确的价值判断，让作业成为落实学科育人作用的主阵地。本单元拓展阅读部分，讲述了三心二意的约翰因为种种外界因素打乱自己踢球及写作业的计划的故事。借助约翰的反面例子，笔者设计了第四课时实践作业"规划学习和作息时间表"。学生根据课本语篇，联系自己的生活和学习经验，就可以作出正确判断并进行合理规划。通过一系列学习活动，学生可以逐步养成良好的作息规律，并学会合理规划自己的生活和学习。在作业评价时，教师应利用合理的评价语言引导学生端正学习态度，养成良好的学习习惯，树立理想信念，形成积极的人生观、价值观。

高效设计实践作业，同时确保基础作业的含金量，才能真正用作业实现英语课堂教学质量的提升和学生良好学习素养的养成。

（东营市：马克　马江好　程青青）

关键点之十二：育人目标的水到渠成

五年级上册：Unit 3 What would you like?（人教 PEP 版）单元整体教学设计例析

《义务教育英语课程标准 (2022 年版)》明确提出，要"引导教师……从浅表性、碎片化和应试的教学模式中走出来，转向素养导向的单元整体教学实践"，教师要以主题为主线，整体设计教学活动。"思维品质反映核心素养的心智特征……思维品质指人的思维个性特征，反映学生在理解、分析、比较、推断、批判、评价、创造等方面的层次和水平。思维品质的提升有助于学生学会发现问题、分析问题和解决问题，对事物作出正确的价值判断。"教学设计与实施要以主题为引领，进行单元整体教学设计，帮助学生观察与分析、归纳与推断、批评与创新，逐步发展逻辑思维、辩证思维和创新思维。

在《英语》（人教 PEP 版）五年级上册 Unit 3 What would you like? 的单元整体教学设计中，我们以课堂教学活动设计为研究重点，以第三课时 Making a school week menu 为例，积极探究了促进学生思维品质发展的策略。

一、亮点呈现

我们在单元主题意义指引下，基于对单元整体教学设计的研究与实践，充分挖掘单元育人价值，对单元内容进行必要的整合或重组，以此设计了阶梯式分课时表现性任务。学生根据所学，能够逐步提升解决真实问题的能力。在课堂活动设计中，"大""小"问题链的追问式设计，培养了学生的深度思考能力。适切的思维可视化工具，帮助学生梳理了知识脉络，培养了高阶思维。

二、亮点分析

（一）目标导向、单元主题意义指向下，按层级设计分课时表现性任务，培养学生解决实际问题的综合思维能力

本单元整体教学设计在引导学生深入学习语言和探究主题意义的过程中，按层级设计了分课时的表现性任务，逐步推动学生解决单元主题 A good diet for school lunch 下的真实问题。笔者确定了四个子主题，即"Period 1 Food I'd like for school lunch""Period 2 Food I like for school lunch""Period 3 Making a school week menu""Period 4 Good advice on school menu"。教学设计依托教材语篇内容，创设真实语境，将单元表现性任务设计为：在学校配餐中心进行配餐调查的语境下，学生将班级同学对不同食物的喜好度进行统计分析，与配餐公司提供的一周食谱进行对比，最后向配餐公司提出健康饮食的合理化建议，并进行口头和书面表达，弘扬中华饮食文化。前三个课时的表现性任务逐步推进，最后在第四课时完成整体表现性任务。

本次设计，以单元主题意义下的单元任务驱动了子主题下各表现性任务的完成。在解决真实问题的过程中，学生逐步掌握了有效反馈合理化建议的口、笔表达方法。学生的建议得到了学校配餐中心的采纳，提高了学生发现问题、分析问题和解决问题的能力，增强了学生学习的效能感。

（二）问题导向，整体设计课堂学习活动中的问题，引导学生进行深度思考

要秉承在体验中学习、在实践中运用、在迁移中创新的学习理念，倡导学生围绕真实情境和真实问题，践行学思结合、用创为本的英语学习观。如此，学生在学习活动中可以学会观察与辨析、归纳与推断、批判与创新。以本单元第三课时 Period 3 Making a school week menu 教学活动设计为例，通过设计"大""小"问题链，利用具有启发性、思考性与创新性的问题提升学生的逻辑思维、辩证思维与创新思维。

1. 充分利用学习理解语篇环节进行"小"问题链设计，以启发性问题为主，环环推进，培养学生观察与辨析的能力。问题一：What's Wu Binbin's/Grandpa's favourite food? 问题二：What does Wu Binbin like or dislike? What does Grandpa like or dislike? 问题三：What do they both like? 问题一旨在帮助学生回顾旧知，初步感知新语篇，理解核心问题。问题二意在引导学生进一步获取 Wu Binbin 和 Grandpa 各自喜欢和不喜欢的食物信息，以便进行分类和对比，加深对语篇意义的理解。问题三引导学生深入辨析，找出两人共同喜欢的食物。三个问题给学生提供了锻炼逻辑思维的有效路径，使学生能更加清晰地理解语篇意义。

2. 科学设计指向主题意义的核心问题——"大"问题链，引导学生逐步深入思考，培养多元思维能力。比如，在应用实践类学习活动中，设计了"In the passage, what does Robin cook? Why? If you're Robin, what will you cook? Why?"等思考性问题，引导学生辩证地分析与推断，提出自己的观点并表达，培养了学生的辩证思维。在迁移创新环节，设计了"What's your favourite food or drink?"的问题和"Write and discuss in your group, then do a survey and make a weekly school menu."的环节，启发学生树立问题意识，联系生活实际，结合学

校配餐，制作一周的膳食搭配菜单，培养了学生的创新思维。

（三）开发适切的可视化思维工具，帮助学生梳理、归纳语言脉络

我们要帮助学生利用图表、思维导图等工具归纳整理所学内容。以第三课时为例，我们精心选取了韦恩图这一可视化思维工具，帮助学生梳理、归纳语篇的核心内容。在语篇分析环节，学生将 Wu Binbin 喜欢和不喜欢的食物填入左边区域，将 Grandpa 喜欢的食物填入右边区域，将两人都喜欢的食物填入中间部分，这样可以清晰地进行比较和归类，如图 1 所示。我们还创新性地使用了四个椭圆集合的韦恩图作为小组调查同学食物喜好的工具，逻辑清晰，更好地实现了数据收集和整理，如图 2 所示。这既启发学生善于利用工具归纳信息，也实现了"授人以渔"的教学目的。

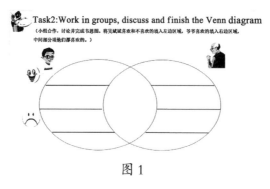

图 1

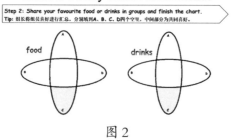

图 2

（济南市：卢士清　张晓晓　王蕾）

四年级下册：Unit 6 Shopping
（人教 PEP 版）单元整体教学设计例析

英语教学必须注重工具性和人文性的统一，既要使学生做到用英语交际，又要落实英语学科的育人功能。《义务教育英语课程标准(2022年版)解读》中提到："学生完成英语语言实践活动的过程也是学习与人交往、学会做人做事、发展情感态度和价值观的过程。"[1] 由此可见，在单元整体教学中，我们要深入思考如何创设真实的语言实践活动和任务，促进英语学科育人目标的有效实现。在《英语》（人教 PEP 版）四年级下册 Unit 6 Shopping 这一单元的整体教学设计过程中，我们特别关注并着力落实了这一点。

一、亮点呈现

本单元整体教学设计的亮点可概括为：以"合理消费"为主题统领单元学习内容，以"为研学旅行购物"为核心任务串联单元学习进程。在各个课时的学习中，学生从制定购物清单到根据需求选择商品，再到结合预算进行选购，

---

① 梅德明、王蔷主编：《义务教育英语课程标准(2022年版)解读》，北京师范大学出版社2022年版，第166页。

最终在一个真实的"跳蚤市场"活动中采购研学所需物品或出售因冲动消费而买来的闲置的物品。在这一贴近生活的任务过程中，学生用英语进行交流并解决实际问题，从而循序渐进、自然地达成了单元的育人目标。

二、亮点分析

（一）明确单元大任务，确定育人总目标

本单元的单元主题"合理消费"是确定单元育人目标的依据。围绕这一主题，我们深入挖掘语篇，发现学生可以通过学习本单元，用所学语言围绕自身需求、个人预算、商品品质、价格等不同维度进行交流和分享，以发展语言能力。由此，我们最终确定本单元的育人总目标为：初步建立科学的消费观，学会合理消费。

要达成学科育人目标，需要设定驱动性任务；要评价育人目标和核心素养的达成，需要真实的语言情境。因此，结合购物主题，本案例设置"为研学旅行购物"的大任务，并基于学生真实生活创设大情境——学校夏季研学旅行即将到来，学生需要购买相关物品。

在具体活动设计上，我们以购物为主线，设置了一系列贴近真实逻辑的任务，如制定购物清单、根据需求挑选商品等，既提升了学生的语言表达能力，也达到了学科育人的目的。大任务贯穿于整个单元的教学中，统领各课时教学的逻辑主线。

本单元的单元主题内容框架图见图1。

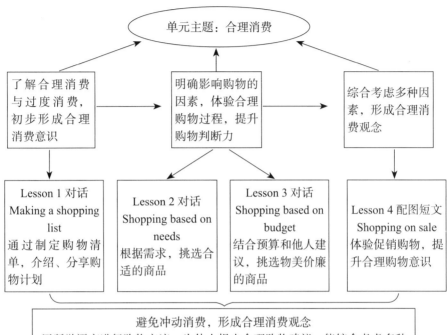

图1　单元主题内容框架图

（二）设计课时子任务，确定育人分目标

明确了单元育人总目标和单元大情境、大任务后，教师"要以思维进阶为线索串联融合各个小情境以及小情境下的任务串，鼓励学生用单元所学将特定情境下的具体任务各个击破，发展运用语言解决问题的能力"[①]。因此，本单元整体教学设计中设置的课时子任务为：

第一课时：Making a shopping list。学生以小组为单位，选择不同的活动场景；根据选择的活动场景，每人各自制定一份购物清单；小组内交流，组员给出

合理评价。育人分目标为：能够综合运用语言，表达自己想要购买的物品，并能对不合理的消费作出判断。

第二课时：Shopping for my trip。学生分小组为研学旅行采购所需衣物。育人分目标为：能在为研学旅行采购衣物的语境中，运用所学语言，根据自身需要（尺码、外出需求、天气变化等）挑选合适的商品，进行购物活动。

第三课时：Help Jack。学生分小组帮助低年级学生 Jack 在有限预算下完成对学校研学旅行所需物品的采购。育人目标为：在购物的情境中，能综合运用语言，结合他人建议及购物预算合理选购商品。

第四课时：Rational shopping。学生在学校"跳蚤市场"活动中采购研学旅行所需的其他物品或出售因冲动消费而买来的闲置的物品。育人分目标为在"跳蚤市场"促销场景下，能综合运用语言，选购或售卖研学旅行所需物品，避免冲动消费，形成理性消费观念。

对四个课时子任务的任务描述和育人目标概括如表1。

表1　课时子任务及分课时育人目标

课时	课时子任务	任务描述	课时育人目标
一	Making a shopping list	以小组为单位，选择不同的活动场景；根据选择的活动场景，每人各自制定一份购物清单；小组内交流，组员给出合理评价。	综合运用语言，表达自己想要购买的物品，并能对不合理的消费作出判断。
二	Shopping for my trip	分小组为研学旅行采购所需衣物。	能在为研学旅行采购衣物的语境中，运用所学语言，根据自身需要挑选合适的商品。
三	Help Jack	帮 Jack 完成对学校研学旅行所需物品的采购	在购物的情境中，能综合运用语言，结合他人建议及购物预算合理选购商品。

续表

课时	课时子任务	任务描述	课时育人目标
四	Rational shopping	在学校"跳蚤市场"活动中采购研学旅行所需的其他物品或出售因冲动消费而买来的闲置的物品	在"跳蚤市场"促销场景下，能综合运用语言，选购或售卖研学旅行所需物品，避免冲动消费，形成理性消费观念。

　　通过完成四个课时的子任务，购物过程也清晰地呈现在学生眼前：先明确想买什么，再明确怎么买，再知晓需要在预算内购买，最后懂得购物要精打细算、合理消费。课时子任务充分考虑了小学生的思维认知水平，各个任务之间逻辑关系清晰、逐级递进，每一个子任务的完成都为后续任务提供了语言基础和情感态度、价值观的铺垫，最终实现单元育人目标。

（济南市：王琳琳）

四年级上册：Unit 6 Family
（鲁科版）单元整体教学设计例析

　　《义务教育英语课程标准(2022年版)》提出，教师要把立德树人作为英语教学的根本任务，准确理解核心素养内涵，全面把握英语课程的育人价值。在进行《英语》(鲁科版)四年级上册 Unit 6 Family 这一单元的整体教学设计时，我们通过问卷调查了解到，四年级学生对 Family 这一话题的理解大多停留在家庭成员及其职业等基础层面上，对"家"的内涵认识不深。比如说，学生对家庭特征、父母工作价值、自己应尽的家庭义务等认识有限。因此，我们在本单元的教学设计中着力渗透"家庭观念、家国情怀"的育人价值，引导学生在学习和使用英语的过程中，逐步树立正确的世界观、人生观和价值观。

一、亮点呈现

　　我们将本单元整体教学设计中的亮点提炼为：结合学生认知逻辑和生活经验，对内容进行整合、补充，形成具有整体性、关联性、发展性的单元育人蓝图。通过对语篇内容的学习和主题意义的探究活动，学生逐步建构起对 Family 的深层认知和价值判断，自然养成了家庭观念，厚植了家国情怀，学科育人目标由此得以最终达成。

二、亮点分析

（一）指向核心素养，确立育人目标

基于学生的认知现状，本单元内容围绕 Better members, warmer family 这一主题展开，分四个课时实施教学，形成层层递进的课时意义链——由引导学生做更好的自己，提升到温暖我们的家，再扩展到强大我们的国。具体来说，第一课时的主题是 To be a better member，引导学生做家庭中更好的一员；第二课时的主题是 Warm our family，让学生关爱家人，营造温暖的家庭；第三课时的主题是 Make our country strong，将视野拓展到强大祖国这一层面；第四课时的主题是 Better members, warmer family and stronger motherland，最终实现从个人、家庭到国家的情感启蒙和价值塑造。单元主题内容框架图见图 1。

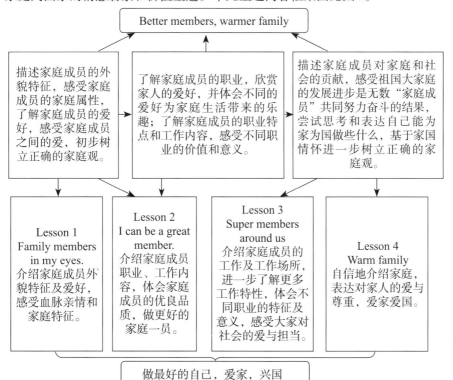

图 1 单元主题内容框架图

（二）重构教学内容，实现共情共育

为达成目标，我们对单元内容进行了整合和重组。

在第一课时，Tom 介绍了自己和母亲的外貌特征。我们巧妙地利用 Tom 和 Mum 都是 blond hair 这个外貌上的相似之处，引导学生思考家庭成员间外貌的联系，探究"血脉相承"中的外貌相似秘密。之后组织学生欣赏相关诗歌（见图 2），感受亲情。同时，我们补充了关于 Tom 家人兴趣爱好的语篇，展示 Tom 一家的家庭成员、外貌和家庭特征，使学生在语境中感受亲情的温馨，加深对"家"的认识。

图 2　诗歌赏析

在第二课时，丰富了客人来家时的接待语言，自然渗透礼仪；针对 teacher 和 businessman 两种职业，通过补充辅助文本（见图 3），解读其职业内容，重点引导学生了解家庭成员的家庭属性，感知其对家庭的贡献，明白温暖的家离不开父母辛勤的工作和付出。让学生通过学习从主人公视角出发谈论父母的语篇，树立意识，明确作为孩子，加深对家人的了解，就是爱家、爱家人的一种方式。

My mother is a teacher.
She's an art teacher.
She likes her pupils .
She likes her job.
She likes drawing.
She loves the family all the way.

My father is a businessman.
He works hard day by day.
He likes reading. He likes playing.
He loves the family all the way.

My parents love their jobs. They work hard.
In my eyes, it's the love for our family.
And they often play with me, read for me.
In my eyes, it's the love for me.

图 3　补充文本

在第三课时，教师借助图片、视频等多模态语篇，引导学生进行拓展练习，帮助学生进一步理解职业的多样性和不同职业的社会价值，明白不同家庭和职业场所共同构成了美丽的城市。教师要引导学生认识到，我们在享受城市之美好的同时也要为之付出，这是"家"的社会责任。同时，祖国的发展需要每一个敬业奉献的"家人"，以此树立学生的责任感，培育他们的家国情怀。第四课时增加了绘本 Zob at work，通过描写父母工作的不易，让学生深刻感受家人的爱，并立志为家人付出，学会表达自己的爱。

以上课时内容层次分明，呈现出递进状态。先让学生感受"家是什么"，然后引导他们关联家的温暖和城市的美好，理解"为什么要尽责"，最后落实"怎么做"，引导他们将观念转化为行动，回归生活，升华主题意义。

（三）开展实践活动，提供育人实景

英语语言实践活动是学生在真实的情境中开展的语言学习活动，包括感知、体验、模仿、理解、应用等类型的活动。这些语言实践活动贴近学生真实生活，是具有针对性的意义协商活动，不仅涉及语言互动，也涉及育人过程。[①]

---

① 程晓堂、丛琳：《义务教育英语课程的育人目标及实施策略》，《中小学外语教学（小学篇）》，2022 年第 6 期。

以第一课时为例进行阐述。让学生拿出自己与家人的照片进行观察,找出彼此外貌上的相似点,并结合核心语言进行表达,从而感悟家人之间的血脉亲情;展示学生录制的短视频 My family,将生活中的真实素材带入课堂,运用视频中学生的台词脚本进行语篇教学,启发和促成学生真实地交流,调动学生的主动性,引导学生进行小组任务型探究学习活动及展示。视频中呈现的家庭成员一起劳动的温馨画面,为学生学习建立和睦的家庭提供范例。学生参与这些活动的过程也是学习与他人交往、学会做人做事、培养情感态度和树立正确价值观的过程,对养成健康的情感态度、树立良好的家庭观念以及形成优良家风具有重要作用。

综上所述,整个单元的育人价值通过可操作的教学目标、再构与补充文本以及有效的学习体验活动落实于课堂教学中,契合学生的认知和发展规律,有助于学生真正理解、领悟并树立"家庭观念、家国情怀",学科育人因此水到渠成。

(淄博市:朱晶 王丽 王路伟 康倩 谭睿 倪向卉)

关键点之十三：深度学习的发生

四年级下册：Unit 2 What time is it？
(人教 PEP 版) 单元整体教学设计例析

　　崔允漷教授指出，指向深度学习的单元整体教学是指教师通过深度研读课程内容、细致整合教学资源，以学生为中心，构建起一个由单元主题统筹、内容相互关联、有清晰逻辑的知识网络，逐步引导学生构建自己的知识体系，并能够创造性地运用所学知识解决实际问题的过程。《义务教育英语课程标准（2022年版）》指出，学生应通过对课程的学习，发展语言能力、培育文化意识、提升思维品质、提高学习能力。在单元整体教学设计中，合理迁移创新目标的设计和实现正是促进学生深度学习，达到以上目标的有效途径。在《英语》（人教PEP版）四年级下册 Unit 2 What time is it? 这一单元的整体教学设计过程中，笔者特别关注了如何促进深度学习的发生这一问题。

一、亮点呈现

　　笔者将本单元整体教学设计的亮点提炼为：通过设计适切的单元和课时迁移创新目标，以一系列内容相关、层层递进、符合课时逻辑的活动为支撑，使学生在系统化的学习过程中，逐步拓展思维的广度、加深思维的深度，从而实现深度学习能力的发展。

二、亮点分析

（一）以主题为引领，确定单元迁移创新目标

对教材文本进行深度加工，对单元学习内容进行必要整合和重组，是确定单元迁移创新目标的重要根据，也是帮助学生进行深度学习的氧化剂。笔者在对单元文本进行深入研读的基础上，确定本单元主题为 Time management。在这一单元主题下，确定了四个子主题：My timetable、My good timetable、Build good time habits、To be a time master。从"认识了解 timetable"到"判断 timetable 的合理性"，再到"反思并调整自己的日常作息，学会时间管理"，依据知识之间的内在联系，挖掘其背后的育人目标，让学生在对单元主题不断进行深化理解的过程中反思自身行为，确定本单元的迁移创新目标为：与同伴交流、分享，发现并反思自己时间表中存在的问题，思考并作出相应的修正，在实践交流中提升批判性思维及发现问题、分析问题和解决问题的能力，立志做时间管理小达人。

（二）以学情为基础，多维度制定课时迁移创新目标

课程标准倡导以学生为主体。教学目标的制定应充分分析学情，关联学生已有知识储备，融合学生生活。笔者在确定本单元整体教学设计中的课时创新目标前先对学情进行了详细分析。四年级的学生已经具备了一定的英语拼读和书写能力，在数学课堂上已经学习了钟表认读，学过数字 1—20 的英语表达方法，接触过一日三餐的英语表达，在小学三年多的学习生活中已经有了相对稳定的学习和生活日程表，这些都对本单元的目标句型教学有一定的辅助作用。但学生虽对英语课程充满好奇，学习兴趣浓厚，却不能持久，学生在口语表达

和认知掌握方面也有一定困难。笔者从学生已有的知识和能力、学生的生活经验、学生的学习风格和特点以及预期困难等方面深入分析学情，确定了四个语言复现、目标递进的迁移创新目标，如图1。

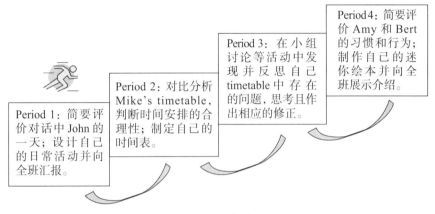

Period 1：简要评价对话中 John 的一天；设计自己的日常活动并向全班汇报。

Period 2：对比分析 Mike's timetable，判断时间安排的合理性；制定自己的时间表。

Period 3：在小组讨论等活动中发现并反思自己 timetable 中存在的问题，思考且作出相应的修正。

Period 4：简要评价 Amy 和 Bert 的习惯和行为；制作自己的迷你绘本并向全班展示介绍。

图 1 四个迁移创新目标

（三）以问题为驱动，助力迁移创新目标的实现

"深度学习要从语言外部形式深入到内在意义，即由言语层面进入思维层面，通过理性思辨，促进深度思维，实现文本意义的建构。"[①] 这就意味着在研读文本时，教师要跳出文本桎梏，用整体教学的眼光进行文本解构，问题设置不能只停留在 who、what、when、where 等方面，而要深挖到涉及文本内涵的 why 与 how，用由浅入深的问题引导学生深入理解文本核心意义。

本单元整体教学设计，用层层深入的问题链帮助学生深入感知文本，激励学生主动浸入文本，让语言学习由感知层面进入思维层面（如图2）。例如，在 Period 2 活动9中，在学生梳理并复述 Mike's day 的思维导图后，教师出示一张其他同学的时间表，并适时引导学生进行对比分析，判断时间安排的合理性。教师的问题没有只停留于 what 和 why，而是努力上升到了 "How to make it better"。教师适时地提出评价性问题，引导学生结合已有知识和经验进行交流

---

① 谢慧云：《意义建构：语文深度学习的通达之路》，《教学与管理》，2020 年第 5 期。

和评论，在交流和分享中形成积极的学习和生活态度，真正让知识学习和思想成长齐头并进，实现知识的内化。

T: Look at Mike's timetable. What do you think of it?

S: It's not good.

T: Why do you think so?

S: I think he can go to bed earlier.

T: I agree with you. When do you go to bed? At 9:00?

S: Yes. It's good for my health.

T: Great! Now please look at this timetable. It's Tim's. Which one is better? Why?

S: Tim's timetable is better. He goes to school at 7:10, but Mike goes to school at 7:30. It's better to go to school early.

T: Do you have any suggestions for Mike?

S: Maybe he can make a better timetable.

T: Good idea. You mean a more reasonable timetable. Can you say it in detail? For example, he can get up at 6:30.

S: I think he can go to bed at 9:00.

T: Oh. You are good at planning your time. It's very important to arrange our time.

图 2　层层深入的问题链

（四）践行英语学习活动观，让深度学习真实发生

郭华强调，"活动与体验"是实现深度学习的基础，教师要以学生为中心，努力探索学生的兴趣点，激发他们的学习热情，引导他们积极思考，探寻问题的本质，主动实践与探究，在具体的语言应用情境中提升能力，拓宽眼界，加深对问题的理解，形成独特的思维方式。本单元整体教学设计中系统规划了多个层次清晰、梯度递进的学习活动，以此促进学生知识体系的自主构建，使学生实现语言技能、文化意识、思维品质和学习能力的融合发展，以此促进深度学习的发生。

例如，在 Period 3 的活动中，学生通过小组交流辩论找出自己时间表中存在的问题，并加以修正，进行汇报，形成新的合理的时间表。在此过程中学生不是毫无根据地评价，而是在积极思考的基础上表达自己的见解并帮助组员形成合理的时间表。此迁移创新活动链培养了学生的语言能力和批判性思维能力，

促使学习真实、深刻、完整地发生，如图3。

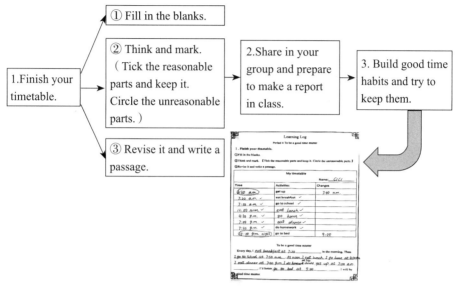

图3　迁移创新活动链

综上所述，本单元整体教学设计中合理迁移创新目标的设计和实现从多视角出发，引导学生了解时间表，反思并调整自己的时间表，学会时间管理，与学生当下以及未来的生活产生关联，提高了学生深度理解文本的能力，能激发和培养学生批判性思维和逻辑思维能力，从而更好地促进深度学习的真实发生。

（济南市：刘志娟　吴芳　臧玉娟　鞠静　于丽娜）

四年级上册：Module 10
（外研新标准版·一年级起点）单元整体教学设计例析

　　"深度学习是指在教师引领下，学生围绕着具有挑战性的学习主题，全身心积极参与、体验成功、获得发展的有意义的学习过程。"[1] 在小学英语课堂教学中引导学生进行深度学习，对提升学生的素养和达成学科育人目标具有实际意义。迁移创新类活动是超越语篇学习进行的深度学习活动，要求学生能运用所学知识解决现实生活中的问题，形成正确的态度，作出正确的价值判断。因此，教师在教学中创设迁移创新活动，有助于促进学生进行深度学习。在《英语》（外研新标准版·一年级起点）四年级上册 Module 10 这一模块的单元整体教学设计过程中，笔者重点探讨了迁移创新活动的设计与实践对实现深度学习的重要意义。

一、亮点呈现

　　笔者将本单元整体教学设计中的亮点提炼为：创设多元迁移创新活动，助

---

① 郭华：《深度学习及其意义》，《课程·教材·教法》，2016 年第 11 期。

推学生进行深度学习。本单元的迁移创新类活动围绕主题，引导学生主动探究和建构认知体系，创造性地解决真实问题，发展高阶思维和迁移应用能力，实现深度学习。

二、亮点分析

（一）迁移创新类活动的目标定位

1. 立足单元整体，聚焦主题意义。

开展深度学习要求教师提炼单元主题，整合学习内容，关联多个意义要素，引导学生产生情感共鸣，深度体验学习过程，提高对知识的提取、迁移和运用能力。本单元围绕主题 Keep healthy habits，以单元项目形式引导学生制作《健康生活习惯指南》手册，宣传"养成健康生活习惯，造就幸福生活"理念，整体设计每一课时的迁移创新活动。第一课时，调查新冠肺炎疫情期间组内成员的身体状况，认识健康的重要性；第二课时，扮演医生完成诊断书，理解健康习惯与幸福生活的关系；第三课时，为学校餐厅等场所设计健康小贴士，梳理健康习惯；第四课时，制订 21 天健康生活习惯养成计划，践行健康习惯。学生在活动中不断体验和感知，逐步深化对主题意义的理解，提高对知识的提取、迁移和运用能力。

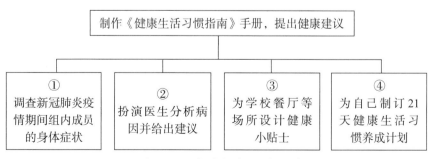

图 1　迁移创新类活动设计

2.关注认知过程，发展高阶思维。

促进学生高阶认知与思维的发展是深度学习的重要作用。笔者重点围绕推理与论证、批判与评价、想象与创造等几个方面的学习活动来设计迁移创新活动。学生通过推理与论证疾病、习惯、健康的关系，得出健康习惯造就幸福生活的结论；然后结合实际生活思考某些习惯是否健康，并运用所学知识进行想象与创造，制作健康小贴士和《健康生活习惯指南》手册，将健康理念付诸实践。学生在活动中不断探究和思考，高阶思维逐步得到提升。

基于此，笔者将本单元中各个课时的迁移创新目标及对应的思维层次确立如表1。

表1　各个课时的迁移创新目标及对应的思维层次

课时	迁移创新目标	思维层次
一	学生调查新冠肺炎疫情期间组内成员的身体症状，体会疾病给人带来的痛苦，初步形成对保持身体健康意义和价值的认识与理解。	推理与论证
二	学生能从文本中提取、梳理疾病、病因并给出建议，能创设就医情境，创编对话，扮演医生为患者提出康复建议。	推理与论证
三	学生能为学校餐厅、卫生间、操场等场所设计健康小贴士。	想象与创造
四	学生能评价和反思自身的生活习惯，并制订21天健康生活习惯养成计划；学生能制作《健康生活习惯指南》手册，宣传"养成健康习惯，造就幸福生活"理念。	批判与评价 想象与创造

（二）迁移创新类活动的实施

1.创设多元情境，推动能力迁移创新。

深度学习要求学习者将学到的知识从一种情境迁移到另一种情境。设置不同的情境，可以提高教学的生动性和新鲜感，激发学生学习英语的兴趣，引导学生在具体的英语学习场景中主动思考、积极探究，从不同角度出发理解和建构英语知识。本单元从教材中的"生病就医"和"健康习惯分享会"迁移到新冠肺炎疫情导致有人感染病毒的大情境，情境真实，容易引起学生的情感共鸣。

学生根据自身经历，重现病情问卷调查、生病就医的情境；接着，为预防病毒感染创设学校征集健康贴士、制作《健康生活习惯指南》手册的情境，情境多元且具体，在丰富学生情感体验的同时，引导学生建构"养成健康习惯"的完整认知，帮助学生走出课本知识，解决现实问题，实现能力迁移。

2.设计评价任务，促进学习真实发生。

深度学习强调教学目标引导下的"教—学—评"一致。教师可以通过评价引导学生深入思考学习内容，并根据反馈及时调整教学策略，促进学生深度学习的持续推进。

为考查学生学习本单元后的学习成果和综合应用能力，笔者设计了单元表现性任务——制作和展示《健康生活习惯指南》手册。为保证完成质量，笔者制定了评价量规，从内容描述、表达展示、团队合作、指南设计方面给出评价标准，以赋星的方式进行评价，见表2。在评价过程中，学生先根据量规进行评价并说明原因，教师再进行总结。基于评价反馈，学生可以在课下继续优化作品，进行持续性学习。

表2 表现性任务评价方案

评价任务	制作并展示作品《健康生活习惯指南》手册
评价目标	正确使用单元核心句型及教师提供的语言支架，小组合作完成制作并展示《健康生活习惯指南》手册。
任务描述	根据评价量规和教师提供的汇报所用的语言支架先组内汇报，然后进行全班汇报； 根据评价量规完成自评和互评，并记录评价结果。
评价量规	

Excellent! ☆☆☆☆☆ Good! ☆☆☆ Come on! ☆☆

Contents（维度）	Standards（标准）	Scores（得星数）
Description 内容描述	You should use correct words and sentences. 使用正确的词、句来描述指南。	
Presentation 表达展示	You should express clearly, fluently and confidently. 表达清晰、流利、自信。 ☆	
Teamwork 团队合作	Everyone in your group should introduce the guidebook and cooperate with each other. 全员参与，小组合作。 ☆	
Design 指南设计	The cover is designed beautifully and creatively. 封面设计美观、有创意。 ☆	

　　教师要关注英语教学的整体设计，深入挖掘教材内容，利用多元化的学习活动，增强英语课堂教学张力，提升学生的综合语用能力、核心素养和思维品质。因实践经验有限，本单元整体教学设计中仍有很多不足，我们会继续探索研究、持续优化。

（潍坊市：孟清　徐建芹　范韦韦　宋敏　吕翔　朱燕妮）

第六章

单元整体教学
课堂观察

① 单元整体教学课堂观察点的确定

课堂观察是指教师或其他教育工作者有目的地对学生在课堂上的学习情况进行观察和记录。它是一种系统、科学的观察方法，旨在了解学生的学习过程、学习动机、学习行为和学习结果等方面的情况。课堂观察是教师改进自己教学工作的重要组成部分，也是教师进行自我反思和实现专业成长的重要手段之一。

单元整体教学的课堂观察，应区别于单课时的课堂观察。单元整体教学的课堂观察和单课时的课堂观察在以下几方面会有所不同：

1. 观察时间跨度：单元整体教学的课堂观察需要覆盖整个单元的教学过程，通常会跨越多个课时或更长的时间段，以便观察学生在不同阶段的学习情况和学习进展。相比之下，单课时的课堂观察仅关注独立的课堂教学过程。

2. 学习目标和进度：单元整体教学的课堂观察需要着重关注整个单元的学习目标和学习进度。教师需要观察学生在单元整体教学开始时的起点水平，以及随着教学的进行，他们在知识、技能和理解等方面的成长和发展。单课时的课堂观察则更注重对特定课时的教学目标和学生的学习表现的观察。

3. 教学策略和方法：由于单元整体教学通常需要综合运用多种教学策略和方法，所以在进行课堂观察时需要关注教师在整个单元中采用的教学策略和方法的有效性。其中包括课堂组织方式及教学资源的使用、学生参与的方式等。而在单课时的课堂观察中，教师通常会关注该课时内所使用的特定教学策略和方法的效果。

4. 学生的综合学习能力：针对单元整体教学的课堂观察需要更全面地考察学生的综合学习能力，包括对知识的掌握、对技能的运用以及思维能力和学习态度等方面的情况。这有助于评估学生在整个单元学习过程中的综合表现。而单课时的课堂观察可能更侧重对特定知识点或技能的学习和应用。

为更好地帮助教师们对单元整体教学的课堂进行准确和深度观察，笔者围绕"目标的确立、达成和'教—学—评'一致性""课堂实施"及"课堂效果"三个方面，最终具体确定了16个观察点。

一、从目标的确立、达成和"教—学—评"一致性出发，进行观察，可以有以下观察点：

1. 目标确定的合理性。

2. 目标完成度。

3. 育人目标的达成情况以及育人过程是否自然、水到渠成。

4. 评价与目标的一致性。

5. 教学与目标的一致性。

6. 评价对教学促进作用的体现。

7. 评价量规设计的合理性。

二、从课堂实施的关键点出发进行观察，可以有以下观察点：

1. 主题意义的寻找和落实是否合理。

2. 多个课时之间的逻辑性和进阶性。

3. 单课时是否较好地体现了子主题意义。

4. 语言知识和技能的学习是否能支持主题意义的达成。

三、从课堂效果的关键点出发进行观察，可以有以下观察点：

1. 学生素养的获得（从能力、思维、文化、策略等方面）。

2. 跨学科设计与实施效果（与生活的关联）。

3. 深度（真实）学习的发生。

4. 课程资源整合效果如何，课外资源（如绘本）的融入是否合理。

5. 作业设计是否合理，能否体现情境性及差异性等。

② 单元整体教学课堂观察的组织实施

首先，16 个市共组成 16 个观课团队，每个团队都由教研员和教师组成，一般为 5—6 人，成员中的教师由各市教研员推荐。其次，各观课团队自行选出组长一名，组长在听课前要统一参加预备会，抽取观察对象（哪个单元的课）、观察点和出场次序。接着，观课团队成员加入观课群，在观课群中可以提出问题，也可以找到所观察课例的教学设计方案。省教研员会对大家的问题作出回复和解释，也会在群里随时调度观课的相关事宜。

观课团队随后要各自组织集中讨论，确定分工，明确需要观察的对象、观察的角度、记录的方式、提交的时间和内容等。观课团队一般上午听完课后，利用中午的时间完成集中研讨和 PPT 的制作，然后推选一位成员代表观课团队在下午展示观课结果。每位展示者的展示时间为 8 分钟，关于课例优点的介绍不能多于 3 点，而对有关问题的剖析不能少于 3 条，同时要求展示遵循"真实、精炼、准确、深入"的原则，不玩套路、基于证据、求真务实、旨在改进。以下是东营、烟台观课团队针对青岛团队的展示课制作的 PPT 的一部分。

图1 东营观课团队PPT示例

图 2　烟台观课团队 PPT 示例

展示交流之后，各观课团队还要完成一篇文章，对观课的过程、结果进行总结和反思，并在规定时间内上交。

举例如下：

携一程春色　追梦共成长

——山东省小学英语"大单元整体教学设计优秀案例展示与研讨"学习体会

春风齐聚力，扬帆正当时。在这人间最美的四月天里，我非常幸运地作为日照团队的一员参加了山东省小学英语"大单元整体教学设计优秀案例展示与研讨"活动，收获颇丰，感慨良多。

一、观课篇

1. 青岛团队：创新课堂，引航前行。

青岛团队的王玉丽、臧丽鑫、金岩三位老师分别从"爱要懂得""爱是陪伴"和"爱是感恩"三个子主题出发，创新性地引导学生在英语课堂中逐步感知父母之爱，从而在潜移默化中懂得感恩父母。课堂教学让学生在真实情境中进行了情感体验。最让我印象深刻的是孩子们感动的泪水，正如庞晖教授所说："They may forget what you said,but they will never forget how you made them feel."。精彩纷呈的三节课真正让我受到了灵魂深处的感动！

2. 淄博团队：主题引领，扎实前行。

淄博团队的张秀玲、石冬梅、徐晓三位老师围绕 Nice weekends 这一主题，分别从 My weekend、Family's weekend、Friends' weekend 三个子主题入手，引导学生由浅入深地对周末活动进行探究和反思，在进行语言知识的学习的同时探究主题意义，在主题意义的引领下扎实前行。

二、情景剧篇

诙谐幽默，砥砺前行。

潍坊团队的《炼"单"记》让我认识到了他们在单元整体教学探索与实践之路上的锲而不舍，我为他们的炼"单"过程而感动；济南团队的《聚焦真实问题，探寻素养之本》，通过真实再现进行单元整体教学设计的过程，让我感受到了群策群力、团队合作、思维碰撞的魅力。

三、专家报告篇

指点迷津，助力前行。

青岛大学师范学院的庞晖教授针对青岛团队以及淄博团队的课例进行了专业点评，同时针对观课团队提出的疑问进行了解读。单元整体教学任重而道远，庞晖教授为大家指点迷津，助力各团队继续前行。

梦想不息，步履不停。我们知道"感"常与"动"组成词"感动"，我们不能只停留在"感"的初始阶段，还应"动"起来，用此次培训的所学所得、思想理念来支撑自己、更新自己……相信在典型的引领以及专家的助力下，我们都会携一程最美春色，逐梦想共同成长！

（日照市：陈慧慧）

第七章

单元整体教学
案例及专家点评

《英语》（人教 PEP 版）四年级上册 Unit 3 My friends 单元整体教学设计

一、单元整体概览

类别	内容
单元标题	My friends
主题	人与自我 □　　人与社会 ☑　　人与自然 □
单元主题	Meet my friends
单元子主题	同伴交往，相互尊重，友好互助
育人价值	用所学语言向他人介绍自己的好朋友，对好友的性格和外貌特征进行描述，发现、感悟友情，展现朋友间的友爱，学会珍惜朋友间的真挚感情，体会友谊的真谛。

（一）教材截图

（二）课标分析

1.语言能力：能借助图片和动画，理解语篇内容，在看、听、读、说的过程中有目的地识别、提取、梳理有关人物的姓名、身份、性格、外貌特征等相关信息；能在教师的指导和帮助下，借助图片提示、语言支架等介绍自己的朋友，简单表达自己对"朋友"这一概念的认知。

2.文化意识：能在教师的引导和启发下，通过图片、视频、短文、配图故事等了解外貌描述中的文化禁忌，懂得欣赏、尊重他人，学会朋友之间真诚相待、互相帮助，发现、感悟友情，分享积极的情感体验。

3.思维品质：能在教师的帮助下，通过观察、归纳、对比等方式，识别语篇所传达的信息，抓住人物特征，全面了解朋友的特点，并能通过自主思考、交流讨论，简单表达自己的想法或感悟，形成正确的价值判断。

4.学习能力：能对英语学习有积极的态度和兴趣，注意倾听，敢于表达，乐于参与合作学习和语言实践活动，乐于与同伴共同完成任务。能够通过协作、互助完成小组合作学习，如进行角色扮演、制作和分享自己的朋友相册等，对学习过程和效果进行自我评价和反思。

5.学段目标：能围绕相关主题，运用所学语言进行简单的交流，介绍自己和身边熟悉的人或事物。

6.学业质量标准：对英语学习有好奇心，在阅读配图故事、对话等简单语篇材料时，能积极思考，尝试就不懂之处提出疑问。能用简单的语言介绍自己的基本情况和熟悉的事物（如个人喜好、学校生活等）。

（三）学情分析

学生在三年级上册第三单元 Look at me 学习了有关身体部位的词语，如 mouth、eye、face 等。在三年级下册第二单元 My family 学习了使用功能句型 "He is... / She is..." 来介绍自己的家人。在三年级下册第三单元 At the zoo 学习了描述动物外形特点的词语，如 long、short、tall、thin 等，并能使用功能句型 It has... 描述动物的特征。因此，对于本单元学习描述他人的性格及外貌特征，学生已具备了一定的语言基础。要达成本单元的学习要求，还需要学习 "He / She has...and his / her...are..." 等来描述好友的外形特征、穿衣打扮等。

四年级的学生活泼好动，对周围的事物充满好奇，对英语学习有着较强的兴趣，经过一年的英语学习，能够听懂、会说一些简单的英语句子，对于他人的穿着、外貌差异也有一定的认识，形成了一定的审美观，对于朋友这一概念也有初步的认知。教学中的困难障碍在于基于语篇，引导学生建立知识间的关联，搭建具有整体性和结构化特征的内容框架，进一步丰富对朋友特点的表达。

（四）教材分析

本单元的单元主题为 Meet my friends，该主题属于"人与社会"范畴，涉及"同伴交往，相互尊重，友好互助"。本单元内容围绕 Meet my friends 这一主题展开，涉及四个语篇，包括两组对话、一篇配图短文和一篇绘本故事。

语篇一是家庭日常生活对话。John 放学回家向妈妈介绍自己的新朋友 Zhang Peng 和 Coco，由此展开对新朋友的名字、国籍、性格和外貌特征等信息的询问和描述。

语篇二是小学生日常对话。Mike 向 John 介绍自己的好朋友，John 通过全面了解人物的性别、外貌特征、性格特点及衣着打扮等信息猜测出好朋友是 Wu Binbin。该语篇拓展和延伸了朋友主题。

　　学生通过对前两个语篇的学习，能够向他人简单介绍自己的好朋友，并对好友的性格和外貌特征进行简单描述。

　　语篇三是配图短文。主文本主要由四组句子组成，分别介绍了James、Ben、Kate、Ann的性格、外貌特征和衣着特点，让学生结合图片和句子完成连线匹配活动。拓展文本延续了第一课时和第二课时中使用的《牛津阅读树》中的人物形象，从外貌、性格特点、一起做的事情等方面介绍了Kipper的三个好朋友。该语篇丰富了学生对于朋友特点的表达，进一步延伸了朋友的内涵。

　　语篇四是一篇绘本故事，题目是 *Tortoise and His Friends*。故事的内容与本单元的主题相契合，主要讲述了主人公陆龟和朋友们想要过河，胆小的陆龟一开始不敢过河，最后在朋友们的帮助下与朋友们一起过河的故事。该语篇有助于引导学生进一步体会朋友之间互帮互助的良好品质，感悟友谊的真谛，形成积极的情感体验，为学生提供了进行深度思考和语言实践的空间。

　　学生需要在本单元学习的核心语言知识和技能与策略见表1。

表1　本单元核心语言知识及技能与策略学习要点

语篇	核心词语	核心句型	技能与策略学习要点
1.John's new friends	人物性格及外貌特征：tall and strong、short and thin、friendly、quiet	询问、介绍他人的姓名： –What's his / her name? –His / Her name is... 描述人物的性格和外貌特征：He's /She's...	1. 根据图片和标题，推测对话的主题、语境及主要信息。 2. 在语境中，根据单词的音、形、义学习词汇，并询问、介绍朋友的姓名、性格和外貌特征等相关信息。
2.Mike's good friends	人物外貌特征及衣着打扮：long hair、short hair、brown shoes、blue glasses、a green bag	描述朋友的外貌特征及衣着打扮：He / She has... He /She has...and his / her... is / are...	借助语言支架，向他人介绍自己的好朋友，简单描述好友的外形特征、衣着打扮等。

语篇	核心词语	核心句型	技能与策略学习要点
3.We are good friends.	人物性格、外貌特征及活动: curly black hair、tall and slim、short but strong、quiet and nice、help each other、play games、share happy things	描述好朋友在一起做的事情: We help each other. We play games together. We share happy things together.	1. 完成图文匹配、关键词填写等阅读活动, 进一步巩固核心语言在语境中的语用和语义。2. 借助语言输出框架(朋友姓名—外貌、性格特点——一起做的事情)和语言提示, 介绍自己的好朋友。
4.Tortoise and His Friends	人物性格及外貌特征: kind and helpful、big and strong、old 理解新词: cross、jump、wade、scared	理解句型: Poor old Tortoise can't jump or wade. Wade / Jump with me! Or me!	1. 根据封面、标题和图片推测故事的主要信息。2. 在听、读故事的过程中, 提取、梳理故事中人物的特点及其心理变化。3. 借助图片和核心语言讲述故事的主要内容, 简单表达故事带给自己的启发。

　　本单元的四个语篇从不同视角出发谈论朋友, 单元内各语篇与单元主题之间、各语篇之间相互关联, 构成三个子主题, 即"介绍自己的朋友, 树立正确的交友观""全面了解朋友, 发现、感悟友情""体会朋友之间互帮互助的良好品质, 学会珍惜友谊"。各课时围绕单元主题和子主题展开, 课时之间既相互独立, 又紧密关联。语言学习渗透在对语篇主题意义的探究中, 学习活动按照学习理解、应用实践和迁移创新三个层次逐步展开, 循序渐进, 螺旋上升, 促进学生理解性技能与表达性技能的协同发展, 有效帮助学生形成基于主题的结构化知识, 如图1。

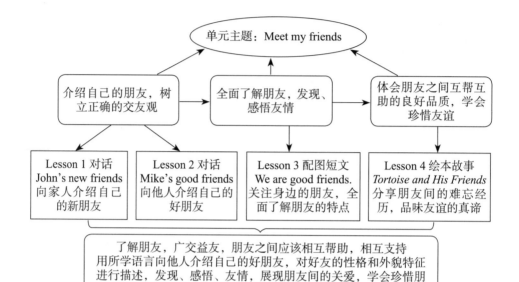

图 1　Meet my friends 单元主题内容框架图

二、单元教学目标

单元教学目标	语篇
1. 在语境中，运用所学语言与他人交流并介绍自己的朋友，对好友的性格、外貌特征、衣着打扮等进行简单描述。	1. 对话 John's new friends （1 课时） 2. 对话 Mike's good friends （1 课时）
2. 完成图文匹配、关键词填写等阅读活动，进一步巩固核心语言在语境中的语用和语义。 3. 仿照范例，借助语言支架（如：朋友姓名—外貌、性格特点——起做的事情），更加全面、完整地介绍和描述自己的朋友。	3. 配图短文 We are good friends. （1 课时）
4. 借助图片和核心语言理解、讲述故事的主要内容，朗读并表演故事，简单表达故事带给自己的启发。 5. 制作完成自己的朋友相册，并在班级内进行展示、分享。	4. 绘本故事 *Tortoise and His Friends* （1 课时）

三、分课时教学设计

（一）Period 1 John's new friends

1. 教材分析及课时教学目标：

	原文本	再构文本
语篇内容		John: Mum, I have a new friend. Mum: Really? A Chinese friend? John: Yes, he's very friendly. Mum: What's his name? John: His name is Zhang Peng. 　　　Look! He's tall and strong. Mum: Yes, he is. Mum: Who's she? John: Oh, she's my new friend, too. She's quiet. Mum: What's her name? John: Her name is Coco. She's short and thin.
语篇研读	What：本语篇为日常生活对话，内容围绕 John's new friends 展开。John 放学回家后与妈妈分享在学校交到的两个新朋友 Zhang Peng 和 Coco，由此展开对新朋友的名字、国籍、性格和外貌特征等信息的询问和描述，引导学生在此情境中学习本课时的重点句型和词汇的语用和语义。 Why：教材通过 John 向妈妈介绍自己的两个新朋友的情境，引导学生学习如何询问他人的姓名和描述他人的性格及外貌特征，同时引导学生学会与家人分享自己认识的人和遇到的事，学会欣赏他人，形成对朋友意义的初步认知。 How：本课的语篇内容是 John 与妈妈的日常对话，主要内容是 John 向妈妈介绍自己结识的两个新朋友。对话中涉及了描述人物性格和外貌特征的词汇，如 tall and strong、short and thin、friendly、quiet 等；询问他人姓名的核心语言，如 "What's his / her name? His / Her name is..." 等；了解他人的性格和外貌特征的句型，如 "He's / She's..." 等。该对话情节简单，易于理解，贴近生活实际。	

教学目标	通过本课时学习，学生能够： 1. 在看、听、读、说的活动中，理解对话大意，获取、梳理对话中 John 的两位新朋友的相关信息，包括姓名、性格及外貌特征等。学习和理解关于询问他人姓名和描述他人的性格及外貌特征的核心语言 "What's his / her name? His / Her name is... He's / She's..."。（学习理解） 2. 在教师的帮助下，梳理、归纳对话的核心语言，并在语境中运用核心语言进行问答和交流，基于对话内容进行角色扮演（程度较好的学生可以尝试以 John 的视角向他人介绍自己的好朋友）。（应用实践） 3. 在教师的指导下，思考如何能够结交到新朋友，形成对朋友意义的初步认知，树立正确的交友观。（迁移创新） 4. 画一画自己的新朋友，和同伴谈论关于新朋友的相关信息，并在全班进行交流展示。（迁移创新） 完成课时目标所需的核心语言如下： 【核心词语】 tall and strong、short and thin、friendly、quiet、his、her 【核心句型】 What's his / her name? His / Her name is... He's / She's... (tall and strong, short and thin, friendly...)

2. 教学过程：

教学目标	学习活动	教师评价
1. 学生在看、听、读、说的活动中理解对话大意，获取、梳理对话中 John 的两位新朋友的相关信息，包括姓名、性格及外貌特征等。学习和理解关于询问他人姓名和描述他人的性格及外貌特征的核心语言 "What's his / her name? His / Her name is... He's / She's..."。（学习理解）	1. 学生基于图片和已有知识，通过快速反应活动，快速说出有关描述人物外貌特征的词汇。 2. 学生观看对话视频，在问题的引导下，初步感知并理解对话大意，如 "How many new friends does John have?" 3. 学生再次观看对话视频，理解对话细节，提取关键信息，学习本课重点句型 "What's his name? His name is Zhang Peng. What's her name? Her name is Coco."。 4. 学生听读对话，提取关键信息，找到新朋友 Zhang Peng 和 Coco 的性格和外貌特征，将人物与特点进行连线匹配，学习理解描述人物性格和外貌特征的重点句型 "He's very friendly. He's tall and strong."。 5. 学生借助图片在语境中学习理解 friendly、quiet、tall and strong、short and thin 等的意思，同时拓展和丰富词语，如 tall and thin、short but strong 等。	教师观察学生参与活动和回答问题的表现，根据学生说出的具体单词，了解其关于描述人物外貌特征的词汇储备。 教师观察学生解决问题的情况，了解其对对话大意的理解程度，根据学生表现给予指导。 教师观察学生在解决问题过程中提取关键信息的能力，在新知学习过程中给予指导和鼓励。 教师根据学生理解词语和拓展词语的情况，发现问题，并及时提供帮助。

教学目标	学习活动	教师评价
2.学生在教师的帮助下，梳理、归纳对话的核心语言，并在语境中运用核心语言进行问答和交流，基于对话内容进行角色扮演（程度较好的学生可以尝试以 John 的视角向他人介绍自己的好朋友）。（应用实践）	6.学生在教师的指导下，梳理、归纳对话的核心语言，并根据老师给出的《牛津阅读树》中的典型人物形象，同伴之间运用核心语言进行问答和交流活动。 7.学生听录音并跟读对话，模仿朗读并进行角色扮演，关注语音、语调和节奏等。	教师观察学生在语境中运用核心语言进行问答和交流的情况，并根据学生的表现适时给予指导和反馈。 教师观察不同能力水平的学生进行朗读对话的情况，看学生朗读和模仿表达是否到位，是否能够完成角色扮演，根据学生的表现给予必要的提示和指导。
3.学生在教师的指导下，思考如何能够结交到新朋友，形成对朋友意义的初步认知，树立正确的交友观。（迁移创新）	8.学生围绕问题 "How to make new friends?" 展开思考和讨论，在教师的启发下探究本节课的主题意义。	教师根据学生对问题的回应和反馈，引导讨论、适时启发和正确评价。
4.学生画一画自己的新朋友，和同伴谈论新朋友的相关信息，并在全班进行交流展示。（迁移创新）	9.学生完成 Friend Album（朋友相册）第一页的内容，画出自己的一位新朋友，并运用对话中的核心语言和同伴进行真实交流，在全班进行展示。 10.学习小结。	教师观察学生和同伴运用所学语言针对新朋友进行交流的情况，给予鼓励或帮助，并及时评价学习成效。

（二）Period 2 Mike's good friends

1.教材分析及课时教学目标：

	原文本	再构文本
语篇内容		Mike: Hi, John. I have a good friend. John: A boy or girl? Mike: A boy. He's tall and thin. He has short black hair. John: Who is he? Zhang Peng? Mike: No. He has glasses and his shoes are blue. John: Is he Wu Binbin? Mike: Yes. You're right. He is very friendly. We often help each other.

语篇研读	What：本语篇是小学生日常对话，内容围绕 Mike's good friends 展开。Mike 向 John 介绍自己的好朋友，John 通过全面了解人物的性别、外貌特征、性格特点及衣着打扮等信息猜测出好朋友是 Wu Binbin。该语篇拓展和延伸了单元主题。 Why：教材通过 Mike 介绍自己好朋友的情境，引导学生更加全面地介绍人物的外貌特征、性格特点及衣着打扮等，从而鼓励学生多交朋友、学会关爱朋友，激发学生对好朋友意义的思考，加深他们对朋友概念的理解。 How：该对话是比较典型的学生日常生活对话，主要内容是 Mike 向 John 介绍自己的好朋友 Wu Binbin。对话中主要涉及了描述人物的外貌特征及衣着打扮的相关词语，如：brown shoes、blue glasses、long hair、short hair、a green bag；描述人物外貌特征时使用的核心句型，如"He / She has... and his / her... is / are..."。
教学目标	通过本课时学习，学生能够： 1. 在看、听、读、说的活动中，理解对话大意，获取、梳理对话中 Mike 好朋友的相关信息，包括外貌特征、性格特点及衣着打扮等；学习和理解关于描述人物的外貌特征及衣着打扮的核心句型，如"He / She has... and his / her... is / are..."。（学习理解） 2. 在教师的帮助下，梳理、归纳对话的核心语言，并在语境中运用核心语言进行问答和交流，基于对话内容进行角色扮演（程度较好的学生可以尝试以 Mike 的视角向他人介绍自己的好朋友 Wu Binbin）。（应用实践） 3. 在教师的指导下，进一步思考好朋友的内涵，加深对好朋友概念的理解，学会珍惜友谊。（迁移创新） 4. 借助好朋友的照片和核心语言支架，向全班介绍自己的好朋友，并让同学们猜测。（迁移创新） 完成课时目标所需的核心语言如下： 【核心词语】 brown shoes、blue glasses、long hair、short hair、a green bag 【核心句型】 He / She has... He / She has... and his / her... is / are...

2. 教学过程：

教学目标	学习活动	教师评价
1.学生在看、听、读、说的活动中，理解对话大意，获取、梳理对话中 Mike 好朋友的相关信息，包括外貌特征、性格特点及衣着打扮等；学习和理解关于描述人物的外貌特征及衣着打扮的核心句型，如"He / She has... and his / her... is / are..."。（学习理解）	1.学生跟着课件一起说唱，以轻松愉快的形式回顾上节课所学的知识。 2.学生观看对话视频，初步感知全文，了解对话大意，并作出选择。 3.学生听读对话，理解对话细节，提取关键信息，找出 Wu Binbin 的外貌特征并勾选出正确的选项，学习本课重点句型："He / She has short black hair."。 4.学生在问题的引导下再次阅读对话，找出 Wu Binbin 的衣着打扮，并圈出正确的图片，学习理解描述人物衣着打扮的重点句型："He has glasses and his shoes are blue."。 5.学生听录音同步跟读，关注语音、语调、节奏及连读、重读的地方等。	教师观察学生参与活动的表现，了解学生对上节课所学内容的掌握情况。 教师观察学生是否能基于视频找出答案，了解其对对话大意的理解程度，根据学生表现给予指导。 教师观察学生在解决问题过程中提取关键信息的能力，在学生学习新知的过程中给予指导和鼓励。 教师观察学生跟读对话的情况，看学生发音和模仿表达是否正确，根据学生的表现给予必要的提示和指导。
2.学生在教师的帮助下，梳理、归纳对话的核心语言，并在语境中运用核心语言进行问答和交流，基于对话内容进行角色扮演（程度较好的学生可以尝试以 Mike 的视角向他人介绍自己的好朋友 Wu Binbin）。（应用实践）	6.学生依据表格内容，利用所给语言支架描述 Wu Binbin 的外貌特征及衣着打扮。 7.学生在教师指导下，梳理、归纳对话的核心语言，并结合图片，描述《牛津阅读树》里面三个小主人公的外貌特征和衣着打扮。 8.学生基于对话内容，进行角色扮演。	教师观察学生能否依据表格内容，借助板书呈现的语言支架进行描述，根据学生完成活动的情况，及时给出提示和指导。 教师观察学生在语境中灵活运用核心语言进行交流的情况，根据学生的表现给予指导。 教师观察学生进行角色扮演的情况，根据学生的表现给予鼓励以及必要的提示和指导。
3.学生在教师的指导下，进一步思考好朋友的内涵，加深对好朋友概念的理解，学会珍惜友谊。（迁移创新）	9.学生观看视频，围绕问题"What is a good friend?"展开思考和讨论，在教师的启发下探究本节课的主题意义。	教师根据讨论情况对学生适时启发、正确引导和及时评价。

教学目标	学习活动	教师评价
4.学生借助好朋友的照片和核心语言支架，向全班介绍自己的好朋友，并让同学们猜测。（迁移创新）	10.学生把好友照片粘贴在 Friend Album（朋友相册）里，并运用核心语言在小组内谈论自己的好朋友，而后在全班进行展示。 11.学习小结。	教师观察学生在小组内运用核心语言和同伴交流的情况，视情况予以鼓励和指导，并及时评价学习成效。

（三）Period 3 We are good friends

1.教材分析及课时教学目标：

	原文本　　　　　　　　再构文本
语篇内容	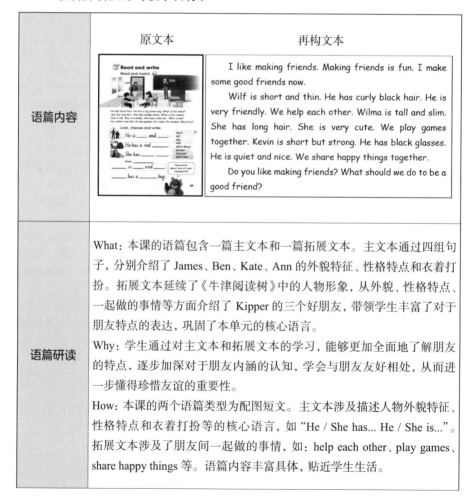 I like making friends. Making friends is fun. I make some good friends now. 　　Wilf is short and thin. He has curly black hair. He is very friendly. We help each other. Wilma is tall and slim. She has long hair. She is very cute. We play games together. Kevin is short but strong. He has black glasses. He is quiet and nice. We share happy things together. 　　Do you like making friends? What should we do to be a good friend?
语篇研读	What：本课的语篇包含一篇主文本和一篇拓展文本。主文本通过四组句子，分别介绍了 James、Ben、Kate、Ann 的外貌特征、性格特点和衣着打扮。拓展文本延续了《牛津阅读树》中的人物形象，从外貌、性格特点、一起做的事情等方面介绍了 Kipper 的三个好朋友，带领学生丰富了对于朋友特点的表达，巩固了本单元的核心语言。 Why：学生通过对主文本和拓展文本的学习，能够更加全面地了解朋友的特点，逐步加深对于朋友内涵的认知，学会与朋友友好相处，从而进一步懂得珍惜友谊的重要性。 How：本课的两个语篇类型为配图短文。主文本涉及描述人物外貌特征、性格特点和衣着打扮等的核心语言，如 "He / She has... He / She is..."。拓展文本涉及了朋友间一起做的事情，如：help each other、play games、share happy things 等。语篇内容丰富具体，贴近学生生活。

教学目标	通过本课时学习,学生能够: 1.在看、听、读、说的活动中,获取所需信息,准确将句子和图中人物进行匹配,梳理描述朋友特点的目标语言。(学习理解) 2.在教师的帮助下,理解拓展文本含义,获取、梳理关于朋友特点的更丰富的表达方法。(应用实践) 3.完成朋友信息卡,并借助语言支架进行完整的篇章表达,向全班介绍自己的好朋友。(迁移创新) 4.在教师的指导下,思考最好的朋友是什么样的,进一步加深对朋友意义的理解,感悟与朋友之间的珍贵友谊。(迁移创新) 完成课时目标所需的核心语言如下: 【核心词语】 curly black hair、tall and slim、short but strong、quiet and nice、help each other、play games、share happy things 【核心句型】 We help each other. We play games together. We share happy things together.

2.教学过程:

教学目标	学习活动	教师评价
1.学生在看、听、读、说的活动中,获取所需信息,准确将句子和图中人物进行匹配,梳理描述朋友特点的目标语言。(学习理解)	1.师生共唱英语歌曲*My friends*。 2.学生通过线索描述,猜出人物,复习前两个课时所学重点句型及词语。 3.学生观察主文本的配图,并根据图片信息回答问题。 4.学生听读文章,整体感知文章内容,并根据文章内容进行图片与内容的匹配。 5.学生进一步阅读文章,关注细节,从外貌、性格、穿戴、其他信息等方面进一步归类,完成表格。 6.学生跟读文本,进行模音练习。 7.学生依据板书支架描述四位新朋友。	教师观察学生是否能够通过猜一猜的游戏,既复现旧知又提高学习兴趣,感受和谐快乐的课堂氛围。 教师观察学生是否能够通过观察,从图片中提取有效信息,为正式学习文本作好铺垫。 教师观察学生完成图文匹配活动的情况,判断学生是否掌握了快速阅读的技巧,根据学生的表现给予指导。 教师观察学生精读课文、捕捉细节信息,并对细节线索进行归类的能力,根据学生的表现给予指导和反馈。 教师观察学生能否借助板书呈现的语言支架进行描述,根据学生的表现给予必要的提示和指导。

续表

教学目标	学习活动	教师评价
2.学生在教师的帮助下，理解拓展文本含义，获取、梳理关于朋友特点的更丰富的表达方法。（应用实践）	8.学生通过阅读拓展文本，找出《牛津阅读树》主人公 Kipper 的三位好朋友的名字。 9.学生通过细读文章，从名字、外貌、性格、做的事情等方面出发，选择一个喜欢的人物，为他／她制作一张信息卡。	教师观察学生把握关键信息、对 Kipper 的三位好朋友进行整体感知的情况，并及时给予指导。 教师观察学生信息卡的制作情况，了解学生是否进一步明确了描述朋友的步骤和思路，并给予必要的提示和帮助。
3.学生完成朋友信息卡，并借助语言支架进行完整的篇章表达，向全班介绍自己的好朋友。（迁移创新）	10.学生根据信息卡制作步骤，围绕姓名、外貌、性格、做的事情等方面为自己的好朋友制作一张信息卡，并依托信息卡对好朋友进行描述。	教师观察学生信息卡的完成情况，以及是否能够依托语言支架完整完成对朋友的篇章表达，及时给予鼓励和帮助。
4.学生在教师的指导下，思考最好的朋友是什么样子的，进一步加深对朋友意义的理解，感悟与朋友之间的珍贵友谊。（迁移创新）	11.学生在教师的指导下，回顾、交流和朋友一起做的事情，并通过观看视频思考朋友的意义，进一步加深对朋友含义的理解。	教师抛出问题，引发学生思考，根据学生讨论情况进行正确的引导和及时的评价。

（四）Period 4 *Tortoise and His Friends*

1.教材分析及课时教学目标：

语篇内容	

语篇研读	What：本课语篇是一则绘本故事，讲述了主人公陆龟和朋友们想要过河，胆小的陆龟一开始不敢过河，最后在朋友们的帮助下与朋友们一起过河的故事。 Why：陆龟和朋友一起过河的故事贴近学生的真实生活体验，容易引发学生的情感共鸣。通过学习故事，学生可以深切感受到朋友之间互相帮助、团结合作的良好品质，体会友谊的真谛，深化对主题意义的全面认知和理解。 How：绘本故事围绕两条主线展开。以陆龟过河为显性的内容主线，以陆龟内心的情绪变化为隐性的情感主线，涉及目标语言，如"Wade / Jump with me! Or me! I'm big and strong. I'm very friendly. I'm scared."。故事情节丰富有趣，具有教育意义和现实意义。
教学目标	通过本课时学习，学生能够： 1. 借助封面、图片、音视频资源预测故事大意，在看、听、读的活动中，准确理解故事内容，把握故事发展情节。（学习理解） 2. 在教师的帮助下，分角色表演故事，体会人物的特点及其心理变化。（应用实践） 3. 在教师的指导下，积极思考好朋友具备的优秀品质，简单表达故事带给自己的启发，品味友谊的真谛。（迁移创新） 4. 制作完成自己的朋友相册，并在班级内分享自己与朋友间的难忘经历。（迁移创新） 完成课时目标所需的核心语言如下： 【核心词语】 cross the river、wade、jump、big and strong、friendly、scared、make a bridge、bend、snap、pull、help 【核心句型】 Wade / Jump with me. Or me. I'm...

2. 教学过程：

教学目标	学习活动	教师评价
1. 学生借助封面、图片、音视频资源预测故事大意。在看、听、读的活动中，准确理解故事内容，把握故事发展情节。（学习理解）	1. 师生共唱英语歌曲 *My friends*。 2. 师生观看陆龟和海龟视频，总结它们的不同。 3. 学生观察故事封面，获取故事人物信息和题目等内容。 4. 学生跟随视频浏览故事大概，听读2—3页，找出故事中的动物想要做的事情。	教师观察学生已有的有关陆龟和海龟的知识储备，对于学生的发言进行正确评价，及时了解学生对陆龟和海龟的认识情况，并作补充。 教师观察学生能否准确、全面找出封面与故事相关的有用信息，及时和学生互动。

续表

教学目标	学习活动	教师评价
1.学生借助封面、图片、音视频资源预测故事大意。在看、听、读的活动中，准确理解故事内容，把握故事发展情节。（学习理解）	5.学生听读故事第4—5页，思考"How do they cross the river?"，标画出动物的过河方式。结合动画理解 wade 和 jump 的意思，加上动作，跟着老师在做中学，模仿动物过河。 6.学生听读故事第6—9页，思考"How do they want to help him?"，找出朋友们帮陆龟过河的方式，连线。 7.学生继续听读故事第12—15页，找出朋友帮陆龟过河的"神秘计划"。梳理朋友们帮陆龟搭桥的方式，并进行排序，而后和同学一起表演搭桥过程，准确理解故事。	教师观察学生能否对故事起因精准判断，对学生速读故事、概括故事大意的能力作出评价。教师观察学生模仿动物过河的动作是否准确，及时纠正。鼓励学生进一步预测故事情节发展。教师观察学生连线情况，了解其对故事的理解程度，根据学生表现给予指导。教师观察学生在解决问题过程中提取、归纳关键信息的能力，看学生能否梳理出朋友们搭桥过河的正确步骤，必要时给予纠正和指导。
2.学生在教师的帮助下，分角色表演故事，体会人物的特点及其心理变化。（应用实践）	8.学生在教师指导下，梳理归纳故事核心语言。基于故事内容，选择自己喜欢的角色，表演故事，体会角色心理变化。	教师从 Pronunciation（语音）、Intonation（语调）、Action（动作）、Emotion（情感）四个维度出发观察学生在表演故事过程中对动物发音的模仿是否准确、语调是否标准、动作及情绪是否到位、能否体现出角色特点等，及时纠正学生的错误读音。
3.学生在教师的指导下，积极思考好朋友具备的优秀品质，简单表达故事带给自己的启发，品味友谊的真谛。（迁移创新）	9.学生围绕问题"What do you think of the friends?"展开思考和讨论，并与同伴交流，深化对朋友意义的全面认知和理解。	教师对于学生理解的朋友的优秀品质及时给予肯定，并观察学生对于朋友的内涵是否在已有认知的基础上有了更加深入的认识。同时，积极肯定和评价学生对于真正的朋友的认识。
4.学生制作完成自己的朋友相册，并在班级内分享自己与朋友间的难忘经历。（迁移创新）	10.学生在完整学习本单元内容的基础上，完善并制作自己的朋友相册，将自己和朋友间难忘的经历和大家分享，加深对友谊的认知和理解。	教师观察并指导学生完成相册制作，聆听学生和朋友间发生的难忘经历，积极赞扬朋友间互帮互助的优秀品质。

（济南市：孙静　孟然　尹雷　孔凡钊）

专家点评

　　本单元整体教学设计围绕 Meet my friends 展开，以制作 Friends Album 为单元大任务，通过"画出自己的新朋友""谈论自己的好朋友""为好朋友制作信息卡""分享朋友间难忘的经历"等任务把四个课时联系在一起，通过具有层次性、关联性、实践性的活动助力学生围绕主题意义进行了多角度的学习理解、应用实践、迁移创新等活动。第一、二课时基于教材内容，引导学生以对话的形式从外貌、性格特点以及衣着打扮等方面介绍自己的朋友，并围绕如何结交新朋友和什么是真正的朋友进行讨论，深化了学生对于朋友的认知；第三课时为补充文本，引导学生以语篇的形式从姓名、外貌、性格、衣着、爱好等方面介绍自己的好朋友，并以信息卡的形式描述自己的好朋友，实现了知识的结构化并达到了整合性输出的效果；第四课时为补充绘本材料，基于故事的推进，揭示了朋友之间应该互相帮助的主题意义，并引导学生通过分享朋友间的难忘经历深化了对"朋友"内涵的全面认知和理解，帮助学生形成了对于朋友的正确的态度和价值判断，有效地完成了预设的学习任务。如果子主题按照了解朋友、介绍朋友、珍惜友谊来设计可能更符合学生的认知特点。

威海市教育教学研究院　于艳红

《英语》（鲁科版）五年级上册 Unit 4 School in Canada 单元整体教学设计

一、单元整体概览

类别	内容
单元标题	School in Canada
主题	人与自我☑ 人与社会☑ 人与自然□
单元主题	Colourful School Life
单元子主题	学校、课程及学校生活与个人感受，校园环境与设施，学习与生活方面的自我管理，世界主要国家的文化体验
育人价值	了解加拿大学校生活，对比中加校园文化异同，开阔视野，培养跨文化意识，增强对自己学校的认同感，合理规划学习生活，热爱自己的学校。

（一）教材截图及补充的教师原创绘本

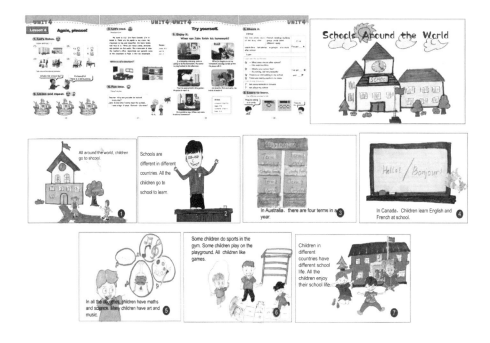

（二）课标分析

1. 语言能力：能借助图片和视频，围绕相关主题，运用所学语言，进行简单的交流；了解加拿大学校生活、校园设施以及班级特色，并尝试介绍自己的学校，做到语言达意。

2. 文化意识：能在教师的引导和启发下，通过图片和视频获取加拿大学校的相关信息，并在理解的基础上比较中加学校的异同，开阔视野；能注意到跨文化沟通与交流中彼此的文化差异，进而更加热爱自己的学校，增强文化认同感。

3. 思维品质：能在教师的引导下，对获取的加拿大学校生活的语篇信息进行简单的对比，加深对语篇意义的理解；能够从不同角度看待中加学校生活的异同，并作出正确的价值判断。

4. 学习能力：能积极参加课堂活动，大胆尝试用英语进行交流，乐于参加英语实践活动；能在学习活动中与他人合作，共同完成学习任务。

5.学业质量标准：能通过简短的语篇了解加拿大学校文化；能用简单的句子描述中加学校文化的异同；能围绕学校主题与他人交流，表达对学校的热爱。

（三）学情分析

1.知识储备：学生已经在四年级上册学习过句型"What subjects do we have?"以及相关的科目名称，并在四年级下册学习过句型"What does...do at the weekend?"和有关课外活动的短语及第三人称单数的表达形式。另外，四年级上册也涉及了"I like + doing"以及现在进行时态，这些都为本单元的语言学习搭建了相应的支架。但是本单元询问他人有什么课程的句型"What subjects does she have?"及其答语、"There be..."句型学生都是初次接触。

2.生活经验：五年级的学生有较丰富的学校生活经历，对于本单元话题具备一定的生活经验基础。

为更好地把握学情，课前备课组对授课班级学生进行了问卷调查，意在更精准地掌握学生对于加拿大及其校园文化的了解程度。

通过对调查结果的分析，我们发现大部分学生对于三年级课本上曾经出现过的人物 Lucy 的基本信息仍有记忆。但是超过95%的学生没有去过加拿大，有91.37%的学生对加拿大了解甚少，有75.54%的学生对加拿大的校园了解得不多。可见大部分学生对加拿大校园文化的了解比较少。

3.认知特点：五年级学生乐于通过图片、视频等途径了解更多的校园文化，善于发现不同国家校园文化之间的差异，但是在通过这些异同梳理并表达中国校园文化的底蕴和特色方面存在困难。五年级的学生具备了一定的自主和合作学习能力，能够利用图书或者网络资源了解更多校园文化知识，并乐于与同伴分享。

4.学习需求：课前备课组对授课学生进行的问卷调查显示，超过74%的学生对于了解加拿大及其校园文化感兴趣，存在学习上的需求。另外，在本单元的学习中，学生面临的困难还在于不能很好地将前面所学的知识与本单元内容融合，无法利用简单的句子表达对学校生活的看法与见解，体现对主题的理解，以建构主题化知识。

（四）教材分析

本单元内容围绕 Colourful School Life 这一主题展开，涉及五个语篇，包括两组配图对话、两组配图短文和一个绘本故事。

语篇一是小学生日常对话，通过 Jenny 和 Li Ming 的对话探讨了 Lucy 在新学校的学习生活，包括学校里的课程以及丰富的课外活动。Lucy 对于新的学校生活的感受为忙碌但很快乐，由此可以看出 Lucy 对于新学校的喜爱。

语篇二是小学生日常对话，Li Ming 和 Lucy 以打电话的方式沟通了 Lucy 新学校的样子以及新学校的校园设施和 Lucy 在那里开展的各项活动，依然表现出 Lucy 对新学校的喜爱之情。在语篇的末尾，Li Ming 希望 Lucy 可以寄些照片给他，以便他通过照片来感受加拿大的学校。

语篇三是配图短文，承接语篇二 Li Ming 希望看看 Lucy 新学校照片的情境。Lucy 给 Li Ming 写了一封信并附上了三张照片。Lucy 的信中介绍了加拿大的班级，包括班额、教室的布置以及课堂情况，并发出疑问 "Is it different from your class?"，以此来引导学生对比思考中加学校文化间的差异。

语篇四是配图短文，通过 Lily 对自己班级情况的介绍来增加学生对加拿大班级的认知，包括班级人数、教室陈设、教师办公及家长角色等方面，是在第三课基础上的延伸，意在帮助学生深化对加拿大校园文化的认识。

语篇五是绘本故事，作为本单元拓展补充的阅读素材，以图文并茂的形式呈现了澳大利亚、加拿大等国家学校的特色，引导学生通过对比的方式体验世界上不同国家的不同校园文化，拓宽学生的视野，培养学生跨文化交际的意识，进而引导学生增强对自己学校的热爱之情，坚定文化自信。

学生需要在本单元学习的核心语言知识和技能与策略见表1。

表1　本单元核心语言知识及技能与策略学习要点

语篇	核心词语	核心句型	技能与策略学习要点
1.Enjoy the school life	really, reading, French, after, film, busy	What subjects does she have? She has... What does she do after school? She often... Sometimes she...	· 在看听读的过程中，借助图片理解语篇，有目的地提取、梳理、归纳信息。 · 运用所学询问他人的课程和课外活动，并简单描述中加学校活动设置的异同。 · 借助思维导图归纳、整理所学内容。
2.Feel the charm of school	building, tree, gym, photo, send	What's the school like? It's... There is \are...	· 在看图、听对话、看视频的过程中梳理有关校园环境及学校设施的信息。 · 在教师的帮助下简单描述校园环境及学校设施，并表演对话。 · 运用已有的语言积累和生活经验，从课本走向现实生活，完成新的学习任务。
3.Experience the different classes	tell, story, sit, group, circle, different	There are...pupils in my class. Some are... We often... Sometimes we... My class is small, but...	· 借助图片理解语篇，提取、梳理、归纳主要信息。 · 完整、连贯地朗读所学语篇，借助语言支架，简单复述语篇大意。 · 模仿写关于班级的话，并尝试使用描述性词语添加细节，使内容丰富、生动。 · 正确使用大小写字母和常见标点符号，单词拼写基本正确。
4.Expand more school culture	poster, wall, grade, pupil, cards, picture, classroom	Review: who-what-how	· 比较语篇中观点间的相似性和差异性，尝试从不同角度出发认识学校文化差异。 · 围绕主题和语篇内容进行简短叙述，表达个人的态度。 · 在学习内容与个人经历间建立有意义的联系。

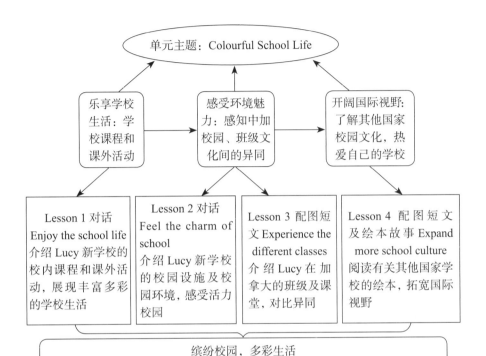

图 1　Colourful School Life 单元主题内容框架图

二、单元教学目标

	目标	语篇
单元教学目标	1. 运用所学的语言与小组成员交流，设计符合新同学特点的课程及课外活动，并向全班介绍。	1. 对话 Enjoy the school life（1 课时）
	2. 与同伴交流，介绍自己学校的校园环境与设施及自己喜欢的活动，增强对学校的热爱之情。	2. 对话 Feel the charm of school（1 课时）
	3. 仿照 Lucy 的书信，尝试用书面形式介绍自己的班级情况及课堂活动，提升对自己班级的认同感。	3. 配图短文 Experience the different classes（1 课时）
	4. 在教师的指导下，尝试表达世界各国校园文化的异同点，增强对中国校园文化的认同感。	4. 配图短文及绘本故事 Expand more school culture（1 课时）

续表

	目标	语篇
使能目标	1. 在教师指导下，学习、理解有关询问他人课程及课外活动的核心句型和词语。	1. 对话 Enjoy the school life（1课时）
	2. 在教师指导下，通过梳理、归纳对话的核心语言，尝试运用 "There be..." 句型介绍校园设施。	2. 对话 Feel the charm of school（1课时）
	3. 在教师指导下，通过复述加拿大班级情况与介绍自己的班级，了解中加班级之间的异同，增强班级荣誉感。	3. 配图短文 Experience the different classes（1课时）
	4. 在教师的指导下，通过自主阅读的方式获取、梳理 Lily 学校班级的总体情况，复习核心语言。 5. 通过小组合作，读懂有关世界其他国家学校的语篇，在比较异同中，开阔国际视野，更加爱自己的学校。	4. 配图短文及绘本故事 Expand more school culture（1课时）

三、分课时单课语篇教学设计

（一）Lesson 1 Enjoy the school life

1. 语篇研读。

What：本课语篇围绕加拿大学校课程与课后活动展开。Jenny 向 Li Ming 介绍 Lucy 的新学校，Li Ming 了解了加拿大学校的课程设置及课后活动。

Why：通过描述 Lucy 所在的加拿大学校，使学生开阔了视野，进一步对比中加学校文化的异同，了解中西方学校差异，培养起跨文化交际意识。

How：对话涉及介绍课程与活动的核心语言。交流时使用时态为一般现在时，对话情节简单，易于理解，具有现实意义和一定的教育意义。

2. 教学目标。

通过本课时学习，学生能够：

（1）在 "Lucy is in a new school" 的主情境中，学习核心语言，能够运用目标

语言读懂有关学校课程和课外活动的语篇。（学习理解）

（2）能够在老师的帮助下，通过问答、表演、设计与表达等活动，有意识地对校园生活进行比较，从文本情境过渡到其他情境进行练习。（应用实践）

（3）通过小组活动，将本节课所学内容与三、四年级相关知识点进行提炼整合，结合实际中的校园生活，做到学以致用，真正学会解决问题。（迁移创新）

完成课时目标所需的核心语言如下：

【核心词语】

really、reading、French、after、film、busy

【核心句型】

−What subjects does she have?

−She has...

−What does she do after school?

−She often... Sometimes she...

3. 教学重点和难点。

教学重点：引导学生运用本课时所学词汇和句型讨论和描述自己或他人的校园生活。

教学难点：引导学生正确运用动词第三人称单数形式，如 draws、plays、watches 等。

4. 教学评价。

对应目标一：依据课标，引导学生通过完成看、听、说等活动，真实地去感受语言、体验并习得语言，围绕学校课程、校外活动进行表达和交流。

对应目标二：通过对话练习和角色扮演等活动检测学生能否谈论他人的学校课程及课外活动，引导学生比较中加校园文化异同，增强文化自信。

对应目标三：通过小组活动检测学生能否在小组内开展合作学习，是否乐于与他人进行交流。

5. 教学过程。

教学目标	学习活动	教师评价	设计意图
1. 依据课标，通过完成看、听、说活动，让学生真实地去感受语言、体验并习得语言，用英语交流有关学校课程、校外活动的话题。	1.Free talk: What subjects do you have? 2.Show the title. 学生在教师引导下读课题，了解语篇背景。 3.Watch and choose. How is Lucy in her new school? 4.Check the answer. 引出 "Does she like her new school?" 5.Listen and drag. What subjects does she have? 6.Good to know. 看图片、视频，感知英语与法语的异同。 7.Ask and answer in pairs. 学生依据课表，进行问答。 8.Read and underline. What does she do after school? 9.Ask and answer in pairs. 同伴针对课外活动进行问答。	教师观察学生是否能参与互动与交流，主动分享个人对该主题已有的知识、经验，并根据需要调整提问方式，进行追问或给予鼓励。 教师及时关注学生对问题的反馈，根据学生的回答进行追问，并给予指导或鼓励。	本阶段学习活动旨在帮助学生理解、梳理文本内容，学习核心词语和句型，掌握重点单词的发音，属于学习理解类活动。
2. 通过对话练习和角色扮演等活动检测学生是否能谈论他人的学校课程及课外活动，引导学生感悟中加校园文化异同，增强文化自信。	10.Listen and imitate. 11.Read by yourself. 12.Read in roles and act out. 学生分角色表演对话。 13.Watch the video of school. 学生欣赏视频。	教师观察学生能否借助板书中呈现的思维导图完成角色扮演、介绍对话内容，根据学生的表现给予必要的提示和指导。	本阶段的学习活动旨在帮助学生巩固语言，属于应用实践类活动。
3. 通过小组活动检测学生能否在小组内开展合作学习，是否乐于与他人交流。	14.Design a schedule for the new student. 小组运用本课核心句型交流，通过观察新生图片为其设置自主的一天。	教师观察学生在小组内运用所学语言交流课程及课外活动的情况，引导讨论，并给予鼓励与帮助。	本环节旨在引导学生在真实的语境中，创造性地运用所学语言交流个人课程及课外活动设计，并向全班介绍，属于迁移创新类活动。

板书设计、作业设计及课后反思如下：

板书 设计	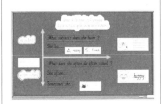	作业 设计	基础性作业：Read the dialogue fluently. 实践性作业：Search and make a poster. 
课后 反思	本节课有以下亮点： 1. 尊重学生个体特点，坚持用兴趣引领教学。 每一环节之间均采用兴趣活动如猜想、游戏等进行衔接。每一个环节都给学生搭建足够丰富的学习支架。 2. 及时巩固语言知识，操练形式多样，充分培养语用能力。 教师及时引导学生在相似的情境中，运用课本所学语言操练及体验，提高了学生综合运用语言的能力。 3. 注重创设情境，开展小组合作。 分角色读和复习所学科目都和学生的生活息息相关，学生在相似的情境中运用所学语言操练及体验。 本节课需改进之处： 课程前半段进度太快，没有给学生充分的时间练习和吸收；小组展示较为仓促，没有达到预期的效果。在课堂评价方面还有进行丰富和提升的余地。在后期的课堂教学中，可以更好地把握课程节奏，引导学生更深入地交流。		

（二）Lesson 2 Feel the charm of school

1. 语篇研读。

What：本课语篇围绕 Li Ming 打电话询问 Lucy 新学校的样子展开。Lucy 介绍新学校的校园设施及环境，Li Ming 希望 Lucy 可以给自己寄照片，以便自己一览 Lucy 学校的风光。

Why：通过描述 Lucy 的新学校，引导学生树立保护校园环境、珍惜校园设施和创建美好校园的意识。

How：该对话涉及介绍校园环境与设施，交流时所使用的核心语言易于理解，具有现实意义和一定的教育意义。

2. 教学目标。

通过本课时学习，学生能够：

（1）在看、听、说的活动中学习核心语言，感受 Lucy 所在学校的自然风光魅力、历史魅力、文化氛围魅力和追求体育精神的魅力。（学习理解）

（2）在教师引导下通过对话练习，突破核心句型，在跟读、自读活动中巩固语言知识，在分角色读或表演对话中感受 Lucy 对新学校的喜爱之情。（应用实践）

（3）交流在"最美校园摄影大赛"中自己喜欢的作品及原因，表达对中国校园环境的魅力与特色更深层的认识和理解。（迁移创新）

完成课时目标所需的核心语言如下：

【核心词语】

building、tree、gym、photo、send

【核心句型】

What's the school like?

It's...

There is/ are...

3. 教学重点和难点。

教学重点：引导学生运用所学句型"What's the school like? It's... There is / are..."和"I like doing..."描述校园环境、学校设施及喜欢的活动。

教学难点：引导学生准确发出"There is / are..."以及个别单词的读音，如 building、gym 等。

4. 教学评价。

对应目标一：依据课标，通过完成看、听、说活动，检测学生是否能真实地感受、体验并习得语言，是否能感悟 Lucy 学校的魅力。

对应目标二：通过对话练习和角色扮演等检测学生是否会谈论校园环境、学校设施及自己喜欢的活动，是否能形成热爱校园和乐享学校生活的情感。

对应目标三：通过交流"最美校园摄影大赛"检测学生能否在小组内开展合作学习，是否对中国校园环境的魅力与特色有更深层的认识和理解。

5.教学过程。

教学目标	学习活动	教师评价	设计意图
1.学生在看、听、说的活动中学习核心语言，感悟Lucy学校的自然风光魅力、历史魅力、文化氛围魅力和追求体育精神的魅力。	1.Every week I go to school. 课前歌曲热身和打招呼 2.Watch and say. 承接第一课时学习内容，引导学生学习photo的书写和发音。 3.由Lucy发来的学校生活照片了解本节课任务，制作关于Lucy新学校的照片墙。 4.Watch and choose. 看视频回答"What's her new school like?"。 5.让学生欣赏有关校园美景的视频，引出主题意义之一：Feel the beauty of school. 6.Listen and fill the blanks. 听音填空并感知"Feel the charm of school"的意义。 7.Pair work. 核心语言练习 8.学生最终完成关于Lucy新学校的照片墙，并思考自己对于Lucy新学校的看法。 9.学生理解"Can you send me some photos?"并感悟send的具体意义。	教师观察学生是否能参与课堂活动，及时追问或给予鼓励。 教师及时关注学生看视频及听录音的表情及反应，给予具体指导。 教师根据不同能力水平学生运用句型对话的情况以及思考问题的方法和角度，给予指导或鼓励。	本阶段学习活动旨在帮助学生在语境中理解对话内容，结合课外知识从大意到细节逐步锻炼逻辑思维能力、习得阅读策略，属于学习理解类活动。
2.学生在教师引导下巩固语言知识，通过Role play感受Lucy对新学校的喜爱之情。	11.Listen and imitate. 听录音并跟读。 12.Read by yourself. 学生自读。 13.Role play. 学生分角色读或者表演对话。	教师观察学生跟读、朗读及分角色读或表演对话的情况，及时给予指导或鼓励。	本阶段学习活动旨在引导学生在归纳和整理核心语言的基础上，通过角色扮演运用语言，促进语言内化，为后面的真实表达作准备，属于应用实践类活动。

续表

教学目标	学习活动	教师评价	设计意图
3. 交流在"最美校园摄影大赛"中喜欢的作品及原因，表达对中国校园环境的魅力与特色更深层的认识和理解。	14.The most beautiful school photo contest. 最美校园摄影大赛。 学生对针对加拿大两所学校（Tim's school 和 Andy's school)和自己学校的摄影作品进行评选。	教师引导学生对比中加校园环境的异同，观察学生运用所学语言进行表达的情况及其他学生的聆听状态，给予指导或鼓励。	本环节旨在引导学生在评选"最美校园"的真实语境中，发展语用能力，初步形成对学校优美的环境和齐全的设施的认识与理解，属于迁移创新类活动。

板书设计、作业设计及课后反思如下：

板书设计		作业设计	基础性作业：Listen and imitate the text. 实践性作业：Design your ideal school and share with others. 
课后反思	本节课有以下亮点： 1. 坚持育人为本。 本节课教师引导学生深度挖掘语篇的育人价值，树立保护校园环境、珍惜校园设施和创建美好校园的意识。 2. 秉持英语学习活动观组织和实施教学。 本节课以"照片"为线，通过"回顾 Lucy 在新学校的学校生活—制作关于 Lucy 学校的照片墙—评选'最美校园'"等系列理解、内化语言的活动，学生逐步获得知识、提升能力、发展思维、塑造品格。 3. 推动"教—学—评"一体化设计与实施。 教师注重关注学生的学习表现及成就，根据需要给予指导和帮助，从评价效果看，学生理解较为到位并能乐于展示。 本节课需改进之处： 本节课中比较大的遗憾就是最后的迁移创新环节，学生只加入了自己的学校，没有加入周围其他的学校。在后期的课堂教学中，教师会更加关注活动的真实性，引导学生进行更深入的基于真实情境的交流。		

（三）Lesson 3 Experience the different classes

1. 语篇研读。

What：本课语篇采用应用文中的书信文体，在故事情节上承接第二课时。Lucy 写信介绍自己的班级、教室以及她的班级生活，并随信附赠三张照片。

Why：作者通过描述加拿大学校的班级情况、教室陈设及课堂活动，引导学生深入了解加拿大班级文化，增强对自己学校的文化认同感。

How：本课的语篇内容第一部分主要介绍班级情况及教室陈设，第二部分介绍课堂活动，时态涉及现在进行时和一般现在时。

2. 教学目标。

通过本课时学习，学生能够：

（1）在教师指导下，运用多种阅读策略读懂、理解语篇，并获取、梳理书信中加拿大的班级情况、教室陈设情况及班内活动情况。（学习理解）

（2）在教师帮助下，对比中加班级文化差异，尝试描述自己班级的情况，增强对自己班级的认同感，初步将所学语言应用到实际生活中。（应用实践）

（3）通过小组活动，将本节课所学内容进行提炼整合，学以致用，积极参加"我是班级代言人"活动，展示自己的班级，增强班级荣誉感。（迁移创新）

完成课时目标所需的核心语言如下：

【核心词语】

tell、story、sit、group、circle、different

【核心句型】

There are...

My class is small, but...

Some are...

We often...

Sometimes we...

3.教学重点和难点。

教学重点：引导学生用所学单词 sit、group、tell、story、circle、different 和 "There be..." 句型描述自己的班级及班级生活。

教学难点：引导学生对 "My class is small, but my classroom is big." 进行理解，并准确运用 "There is / are..." 句型。

4.教学评价。

对应目标一：通过猜谜游戏、看视频、听音频等活动，检测学生能否真实地去感受、体验并习得语言。

对应目标二：通过跟读、复述等活动检测学生能否用英语谈论班级情况，是否热爱班级。

对应目标三：通过小组活动检测学生能否在小组内开展合作学习，检测学生是否具有团结合作的能力。

5.教学过程。

教学目标	学习活动	教师评价	设计意图
1.学生在教师指导下，运用多种阅读策略读懂、理解语篇，并获取、梳理书信中加拿大的班级情况、教室陈设及班内活动。	1.学生观看 Lesson 2 中关于 Lucy 学校的照片墙，运用 "There is/are..." 句型描述 Lucy 的学校。 2.Guessing game：学生阅读 PPT 上逐句呈现的谜语，直至大部分同学回答出谜底 "classroom"。 3.Lucy's class. （1）学生观察 PPT 上的三幅图片，整体感知语篇内容。 （2）Read and answer: What's Lucy's class like? What's Lucy's classroom like? （3）Find the difference: 观察并对比中加教室图片，在语境中理解单词 different 的含义。 （4）Watch and answer: How do they sit? 借助图片理解 "sit in groups" "sit in a circle"。 （5）Watch and answer:What are they doing in groups? 学生先观察图片猜测，再验证。 （6）Listen and choose：What do they do in a circle? 4.学生听录音并模仿跟读。	教师观察学生对 "There be..." 句型的运用。 教师引导学生发现中加班级的不同之处。 教师及时对学生给予指导，注重培养学生的读图能力。	以问题为引领，激发学生的阅读动力，调动学生已有的知识储备和阅读策略，强化学生捕捉关键信息的能力，属于学习理解类活动。

续表

教学目标	学习活动	教师评价	设计意图
2.学生对比中加班级的文化差异，初步将所学语言应用到实际生活中。	5.Let's retell：学生在教师指导下梳理、归纳核心语言，同伴间互相复述。 6.Let's write：学生根据语篇内容完成填空。 7.学生观看本学校的班级相册，思考并尝试回答中加班级异同点。	教师观察学生能否联系生活实际进行讨论，给予必要指导。	使学生通过复述内化语言，从理解学习过渡到应用实践；通过对比发现自己班级的好，进一步增强文化认同感，属于应用实践类活动。
3.通过小组活动和"我是班级代言人"活动，学以致用。	8.Group work：通过观看班级相册视频，讨论中加班级异同并参加"我是班级代言人"活动。 9.Show time：小组成员向全班介绍本组同学的书写成果，最终推选出"班级代言人"。 10.学习小结：学生结合板书总结本节课所学，在头脑中形成完整的知识结构。	教师观察学生向全班汇报的情况，评价教与学的成效。	学生在介绍班级、书写班级、宣讲班级的过程中，发展语用能力，初步形成对班级凝聚力、荣誉感的认识和理解，属于迁移创新类活动。

板书设计、作业设计及课后反思如下：

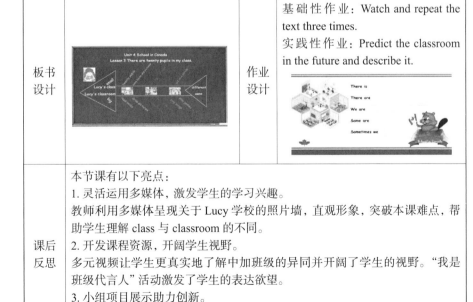

板书设计	（板书图）	作业设计	基础性作业：Watch and repeat the text three times. 实践性作业：Predict the classroom in the future and describe it. （作业图）
课后反思	本节课有以下亮点： 1.灵活运用多媒体，激发学生的学习兴趣。 教师利用多媒体呈现关于Lucy学校的照片墙，直观形象，突破本课难点，帮助学生理解class与classroom的不同。 2.开发课程资源，开阔学生视野。 多元视频让学生更真实地了解中加班级的异同并开阔了学生的视野。"我是班级代言人"活动激发了学生的表达欲望。 3.小组项目展示助力创新。 在讨论、搜索并整合素材的过程中，学生锻炼了多种能力，真正做到了迁移创新。		

续表

课后 反思	本节课需改进之处： 虽然教师的教学设计是面向全体学生的，但部分学生并没有真正参与进来。在以后的教学中，要力争关注到每一名学生的真实学习，尽可能地为他们创造实际表达的机会。

（四）Lesson 4 Expand more school culture

1.语篇研读。

What：本课时语篇为配图短文及绘本故事。短文介绍了 Lily 班级的人数、教室陈设、家长角色等。绘本介绍了世界上部分其他国家学校的课程设置、校园生活。

Why：配图短文是对前三课的延伸，意在帮助学生深化对加拿大校园文化的认识。学生对比绘本中不同国家的校园文化，可以拓宽国际视野，坚定文化自信。

How：涉及的词语为 poster、wall、also、grade。学生可以运用 "There be…" 句型及 "We have…" 句型介绍班级情况，通过阅读，进一步了解各国学校的异同。

2.教学目标。

通过本课时学习，学生能够：

（1）通过阅读了解 Lily 学校的情况，复习核心语言；感知字母组合 sk、st、oo 的发音，总结发音规律并尝试运用此规律拼读新单词。（学习理解）

（2）借助板书，尝试运用本节课的核心语言复述 Lily 学校的情况；通过听、读的方式，完成相应练习，提高听、读能力。（应用实践）

（3）通过小组合作，运用目标语言读懂有关世界其他国家学校的语篇，拓宽国际视野，在比较异同的过程中增强文化自信。（迁移创新）

完成课时目标所需的核心语言如下：

【核心词语】

poster、also、grade、pupil、cards

【核心句型】

There are many cards, pictures and posters on the walls.

3. 教学重点和难点。

教学重点：引导学生运用本单元所学内容描述加拿大的学校以及自己的学校。

教学难点：引导学生运用本单元的核心语言读懂有关世界其他国家学校的语篇，并对比文化异同；引导学生准确运用"There be..."句型和第三人称单数。

4. 教学评价。

对应目标一：通过阅读获取、梳理 Lily 在加拿大的新班级的相关情况；通过韵律朗读体会并总结字母组合 sk、st、oo 的发音规律。

对应目标二：掌握文本内容，运用核心语言表达 Lily 在加拿大的新班级的情况，自主表达对校园文化的见解。

对应目标三：善于合作，运用合适的阅读方法解决新问题，通过自评、互评等方式规范自己的学习行为，提高学习能力。

5. 教学过程。

教学目标	学习活动	教师评价	设计意图
1. 通过阅读了解 Lily 学校的班级总体情况，复习核心语言；初步感知字母组合 sk、st、oo 的发音，总结发音规律并尝试运用此规律拼读新单词。	1. Enjoy a song: *Our school* 2. Free talk: 学生尝试回答关于本校的问题，复习前三课知识。 3. 提出本课主情境：We will have a trip to different schools. 4. 获得旅行船票：学生学习并练习字母组合 sk、st、oo 的发音及相关单词。 5. 旅程第一站：Lily's school in Canada (1) 泛读文本，选择图片。 (2) 详读文本，回答问题，圈画出关键词句。	教师观察学生参与互动、交流的情况，了解学生对该话题已有的知识储备。 教师观察学生参与小组讨论和总结发音规律的情况。 教师观察学生自主阅读文本后标注关键词句的情况、回答问题的表现。	本阶段学习活动旨在帮助学生掌握基本的字母组合发音规律，学生通过阅读深化对加拿大校园文化的理解，属于学习理解类活动。

续表

教学目标	学习活动	教师评价	设计意图
2. 学生尝试借助板书复述 Lily 学校的情况；通过听、读的方式完成相应练习，提高听、读能力。	6. 听、读短文。 7. 学生参照板书进行复述。 8. 旅程第二站：Jack's school （1）阅读文字，找出 Jack 迟到的原因。 （2）听录音完成选图，并根据语言支架进行讨论。	教师根据学生的朗读情况给予指导。 教师关注学生借助板书上的思维导图进行概括和介绍的情况。 教师观察学生的阅读情况以及回答问题的情况。	本阶段的学习活动旨在帮助学生借助语言支架，用完整且有逻辑的语言介绍短文内容，提高语言表达能力，引导学生用小组讨论 Jack 学校图片的方式，促进语言内化，属于应用实践类活动。
3. 学生通过阅读有关世界其他国家学校的语篇，拓宽国际视野，在比较异同的过程中，增强文化自信。	9. 旅程第三站：Schools around the world （1）观看视频并作出选择。 （2）精读文本，找出世界上不同国家学校间的异同点。	教师指导学生思考并尝试表达，找出异同，形成跨文化意识，坚定文化自信。	学生通过阅读 Schools around the world，了解世界各国的校园文化，开拓国际视野，迁移运用阅读方法及目标语言，属于迁移创新类活动。

板书设计、作业设计及课后反思如下：

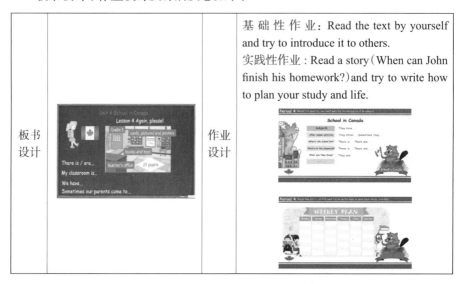

板书设计		作业设计	

基础性作业：Read the text by yourself and try to introduce it to others.

实践性作业：Read a story（When can John finish his homework?）and try to write how to plan your study and life.

续表

课后反思	本节课有以下亮点： 1."大情境"贯穿始终，以任务链形式呈现。 本节课创设了"世界学校之旅"的情境，将一个个任务以不同旅行地的方式呈现，形成一整条完整的任务链。 2.注重落实英语学习活动观。 学生进入世界旅行的话题，通过赢取船票的活动掌握字母组合 sk、st、oo 的发音规律；通过阅读文本掌握 Lily 学校的信息；尝试利用板书上的思维导图复述文本信息；通过小组活动讨论有关 Jack 学校图片的内容；通过阅读拓展绘本，总结不同国家学校的异同点。 本节课需改进之处： 本节课在处理课本复习板块的基础上增加了对绘本的拓展阅读，课容量较大，导致任务推进较快，学生进行内化的时间少。

四、表现性任务及评价量规

1.评价任务：最美校园摄影大赛。

2.任务目标：正确运用语篇二的核心语言，描述自己喜欢的最美校园作品并说出原因，与全班分享。

3.任务描述：学生搜集关于加拿大学校的照片，并拍摄自己学校的最美瞬间，以小组为单位使用核心句型进行展示，最后投票评选出最美校园摄影作品。

4.评价标准：

评价项目	评价内容				评价记录		
	优秀5🍁+2🍁	优秀5🍁	良好4🍁	一般3🍁	自评	互评	师评
语言表达	语音、语调准确，能灵活地道地使用"There be..."句型，表达重点突出，自信大方	语音、语调准确，能准确灵活地使用"There be..."句型，表达清楚流畅，自信大方	语音、语调准确，能借助图片和关键词准确地使用"There be..."句型	语音、语调准确，不能准确使用"There be..."句型			

续表

评价项目	评价内容				评价记录		
	优秀5🍁+2🍁	优秀5🍁	良好4🍁	一般3🍁	自评	互评	师评
任务完成	能用6句话以上熟练流畅地介绍一个学校的"学校课程、校外活动、校园设施与布局",内容丰富完整,介绍有逻辑	能用6句话以上介绍一个学校的"学校课程、校外活动、校园设施与布局",内容丰富完整,介绍有逻辑	能用5句话以上介绍一个学校的"学校课程、校外活动、校园设施与布局",内容比较丰富完整,错1—2处	能用3—4句话介绍一个学校的"学校课程、校外活动、校园设施与布局",内容介绍不完整,缺乏逻辑,错2—3处			
展示交流	情绪饱满,有感染力;态度自然大方,声音洪亮;注意与他人的沟通交流,经常有眼神交流;肢体语言丰富自然,完全脱稿,阐述清楚、充分	情绪饱满,有感染力;时刻注意与他人的沟通交流,经常有眼神交流;肢体语言丰富自然,完全脱稿	态度自然大方,声音洪亮;偶尔与他人沟通交流,眼神交流、肢体语言较少,半脱稿,阐述清晰	介绍时紧张,声音较轻;不与他人沟通,几乎没有眼神交流;有一些肢体语言,读稿			
内容创新	能借助学习生活经验创新内容,介绍形式有创意,内容有很强的吸引力,使用道具和资源辅助完成任务	介绍形式有创意,内容有很强的吸引力,使用道具和资源辅助完成任务	介绍形式有创意,内容较有吸引力,使用道具	完全照本宣科,内容没有创意			
小组合作	善于与同学合作,积极参与讨论与交流,及时按照能力调整角色分工,根据目标超标准完成任务,认真倾听	善于与同学合作,积极参与讨论与交流,合理表达,根据目标百分百完成任务,认真倾听	能与同伴合作,参与组内交流,认真倾听	不愿与同学合作,不敢尝试和表达自己的想法			
总计							

五、单元教学反思

1.课标定航，确定单元设计理念。

备课组依据课标，挖掘单元育人价值，建立单元整体观，围绕单元主题建立各语篇子主题之间的关联，搭建单元育人蓝图，发展学生核心素养。

2.语篇为基，精心设计单元活动。

备课组进行语篇研读，确定单元主题，并提取四个小观念，基于单元主题及课时小观念，确立单元教学及各课时教学目标，设计单元教学活动。

3.聚焦主题，科学进行教材整合。

备课组通过学情调研和教材内容分析，确定单元主题和各课时子主题，并调整和补充各课时教学内容。通过串联情境整合教材，聚焦主题；通过绘本嵌入教材深化主题，设定单元教学目标及各课时教学目标，开展教学活动。

4.追求高效，合理规划课时安排。

备课组围绕单元和课时教学目标设计教学活动，同时合理调整教学时间，细化每课时内各项活动的时间安排，最大限度地提高学生的学习效率。

5.深度参与，打造沉浸式英语课堂。

备课组致力于借助目标语言完成课堂活动、实现教学目标，通过问题引领、活动化课堂打造学生能够深度参与的沉浸式英语课堂，提高教学质量。

6.素养导向，注重"教—学—评"一体化。

进行单元备课时，备课组将学生的综合素养表现融入单元和课时教学目标中，针对单元教学目标及每个课时的教学目标设计相应的效果评价方法，如：学生自评、互评、教师分值评定、任务单评价、Let's check 板块终结性评价等，形成闭环反馈，反作用于教学活动。

7. 能力为重，着力优化作业设计。

在进行作业设计时，兼顾基础性作业和实践性作业，帮助学生掌握基础知识，提高听、说、读方面的能力，引导学生不断发展思维，培养综合能力。

8. 智慧教育，赋能课堂提质增效。

单元授课中智慧教育无处不在，希沃白板增强互动、网络资源开阔学生眼界、微信小程序助力掌握学情，支持学生学习，提高课堂效率。

（东营市：马克　程青青　马江好　丁杰　丁斐斐　毛得香）

专家点评

　　本单元整体教学设计选择了非常有意义的学习主题——Colourful School Life。这个主题富有挑战性和探究性，为学生学习提供了真实语境，能激发学生的学习兴趣。

　　本课例中的一大亮点是既全面又有针对性的学情分析。教师通过问卷为教学提供了准确而可靠的学习者信息，使教学设计和教学实施基于学习者的实际情况，以达到理想的教学效果。

　　本课例的另外一个亮点是主题下的多个子主题之间既相互支撑，但又各自独立，从不同侧面拓展了主题内涵，让学习内容更加丰富和立体。由浅入深，培养了学习者的系统思维与创新精神。

　　该课例板书设计结构清晰、重点突出、语言精练、美观大方、布局均衡，可以完整清晰地传达教学内容，起到事半功倍的作用，提高了学习者的学习质量和效果。

　　建议：将来在制定目标的时候，将单元教学目标和使能目标进行有机融合。

青岛大学师范学院　庞晖

③　《英语》（外研新标准版·一年级起点）
四年级上册 Module10 单元整体教学设计

一、单元整体概览

类别	内容
单元标题	Module10
主题	人与自我 ☑　　人与社会□　　人与自然□
单元主题	Keep healthy habits
单元子主题	子主题一：认识新冠肺炎的基础症状，感知其对身体健康的影响。 子主题二：意识到健康生活习惯的重要性，了解恢复健康的建议。 子主题三：主动分享保持健康的建议，践行健康生活理念，养成健康生活习惯。
育人价值	养成健康生活习惯，造就幸福生活 能围绕 Keep healthy habits 这一主题，运用所学语言描述疾病症状，正确判断自己的生活习惯是否有益健康，提出健康生活的建议，养成健康的生活习惯，传递健康生活理念。

（一）教材截图（及补充的语篇等资源）

1. 课时一　What's the matter?

（1）Doctor: What's the matter? 　　Patient: I've got a cold. 　　Doctor: Get some rest. 　　I hope you get better soon.	（2）Doctor: What's the matter? 　　Patient: I've got a cough. 　　Doctor: Get some rest. 　　I hope you get better soon.

（3）Doctor: What's the matter?

Patient: I've got a headache.

Doctor: Get some rest.

I hope you get better soon.

（4）Doctor: What's the matter?

Patient: I've got a fever.

Doctor: Get some rest.

I hope you get better soon.

（5）Doctor: What's the matter?

Patient: I've got a runny nose.

Doctor: Get some rest.

I hope you get better soon.

（6）Doctor: What's the matter?

Patient: I've got a cold.

Doctor: Get some rest.

I hope you get better soon.

2. 课时二　Go to bed early.

3. 课时三　Eat vegetables every day.

4. 课时四　Make *The Guide to Healthy Habits.*

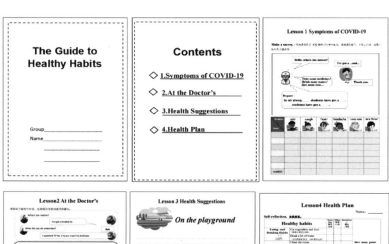

（二）课标分析

山东省潍坊市高新区从小学一年级开始开设英语课程，学生英语基础较为扎实。根据课程标准，学生于四年级上学期应达到课标中的部分二级目标。我们综合课标中的一级目标与部分二级目标进行了课标分析。

	课标要求具体化	单元内容分析
主题	能围绕保持健康的生活习惯这一主题，运用所学语言进行简单的交流，介绍健康的习惯。	保持健康的生活习惯
语篇	关于身体健康的绘本、对话、综合实践活动等多模态语篇。	1.What's the matter? 2.At the Doctor's 3.Health suggestions
语言知识	1.能用拼读规则理解和运用疾病类词汇，能用正确语调朗读基本句式。 2.能在具体的就医语境中进行得体交流。 3.能运用祈使句得体表达自己的态度和观点。	1.能梳理归纳疾病及其症状类词汇并能准确问询和描述身体的症状"What's the matter? I've got a cold / fever / runny nose / sore throat..."。 2.能够准确朗读文本，关注语音语调以及长句Always wash your hands before you eat and after you go to the toilet. 的意群划分和节奏。 3.能够用祈使句对健康的生活习惯给出恰当的建议"Go to bed early. / Drink some water. / Take some medicine. / Get some rest." 等。
语言技能	1.能借助图片等，理解常见主题的相关语篇，提取、梳理、归纳主要信息。 2.能运用绘制图表、海报及自制绘本等方式创造性地表达意义。 3.能在教师帮助下表演小故事或短剧。	1.能借助图片等，理解本单元的三个语篇，从中提取、梳理、归纳主要信息。 2.能围绕保持健康生活习惯这一主题，进行简单交流或情景剧表演，对他人提出健康建议，养成健康的生活习惯。 3.能根据需要，运用调查报告、思维导图、指导手册等方式创造性地表达意义。
文化知识	能意识到人们的饮食、作息、卫生、运动等生活习惯的异同。	能从饮食、作息、卫生、运动等方面梳理健康生活建议。
学习策略	1.能借助图表、思维导图等工具归纳、整理所学内容。 2.能主动与同学开展合作学习，乐于与他人分享学习资源和策略方法。	1.能从多元角度出发思考、设计《健康生活习惯指南》手册。 2.能在合作设计健康小贴士等活动中，归纳并乐于与他人分享养成健康生活习惯的建议，共同完成学习任务。

（三）学情分析

学情项目	学情分析
知识经验	1. 学生已经学过 cold、headache、stomachache、cough 四个疾病类单词，能用问句 "Have you got a...? Has he/she got a...?" 及其答语来询问并回答疾病，但尚未接触过疾病治疗和症状缓解方面的知识。 2. 对于保持健康的建议，学生已经学习过 eat vegetables、eat fruit、drink water 等动宾短语以及比较简单的指令性祈使句，但关于提出建议所用到的祈使句是首次接触。
生活经验	1. 大部分学生在生活中有就医经历，对就医情境不陌生，但缺乏对病因的追踪及对生活习惯的反思。 2. 学生能够意识到健康的重要性，但是未养成健康的生活习惯。
策略经验	1. 学生初步具备借助图表、思维导图等工具归纳、整理所学内容的能力，但是尚不能灵活运用，需要教师创设情境、提供语言支架。 2. 学生能在教师指导下制订简单的计划，但是缺少实际行动，需要教师加强引导。 3. 学生自我评价和反思能力较弱，缺乏参与项目学习的经验。
困难障碍	要达成本单元的学习要求，学生尚存在以下障碍： 1. 所学疾病类词语数量不足，不能用英语正确描述自己的病症，不会针对不同疾病提出建议；对祈使句中动词形式的使用容易出错。 2. 学生没有参与项目学习的经历。
突破措施	要帮助学生突破以上学习障碍，教师可以采取以下措施： 1. 针对词语和句型问题，教师要基于学生实际情况，利用图片、视频、思维导图、绘本等资源帮助学生补充疾病类词语；引导学生通过类比、归纳、合作、探究、讨论、分享等方法进行语言学习，锻炼使用祈使句，提升描述病症的表达能力，从而完成提出健康生活建议的任务。 2. 针对学生项目学习经验不足这一问题，教师可通过提供具体的操作步骤、语言支架和评价量规，指导、引导学生积极参与课堂活动，完成项目学习。

（四）单元内容分析

板块名称	板块性质	板块功能	各语篇具体内容
Read a story.	核心板块	呈现核心词语和核心句型	1. 核心词语： 疾病类词语：cold、cough、headache、fever、sore throat、runny nose 2. 核心句型： 询问、介绍疾病情况： What's the matter? I have got a sore throat. Get some rest. I hope you get better soon.

板块名称	板块性质	板块功能	各语篇具体内容
Do a survey.	次核心板块	口语表达技能训练	语用训练：运用核心句型调查组内成员得新冠肺炎后的身体状况，汇总交流。
Listen, point and find.	核心板块	呈现核心词语和核心句型	1. 核心词语： 不良生活习惯类词语：computer game、go to bed late 健康建议类词语： take medicine、drink a lot of water、go to bed early、do some exercise 2. 核心句型： 询问病情及病因：What did you do? 给出医嘱：Take this medicine. Drink a lot of water. Go to bed early. And do some exercise.
Listen and say.	次核心板块	听说技能训练	语用训练：运用"Drink a lot of water. And do some exercise."两个关键的祈使句，练习向他人提出康复建议。
Practice.	辅助板块	拓展运用技能训练	语用训练：运用所学祈使句描述 Sam 的新生活习惯。
Listen and say.	核心板块	呈现核心词语和核心句型	1. 核心词语： 健康生活习惯类词汇：healthy、before、after、toilet、exercise 2. 核心句型： 保持健康的建议：Eat vegetables every day. Always wash your hands before you eat and after you go to the toilet.
Do and say.	次核心板块	拓展运用技能训练	语用训练：调查并汇报本班同学健康的生活习惯。
Make a project.	核心板块	拓展运用技能训练	为实现 Keep healthy habits 单元主题下"提出健康生活的建议，养成健康的生活习惯，传递健康生活理念"的育人目标，设计制作《健康生活习惯指南》手册项目。
Make the 21 days plan.	辅助板块	拓展运用技能训练	通过认识疾病及病因和整理健康生活建议等，发现自身不良健康习惯，制订自己的21天健康生活习惯养成计划。

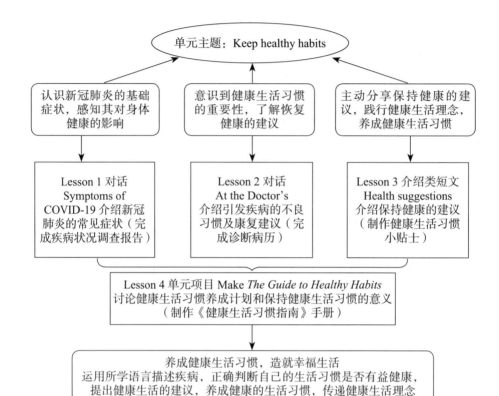

图 1　Keep healthy habits 单元主题内容框架图

二、单元教学目标

单元教学目标	语篇
1. 认识并描述得新冠肺炎后的常见症状，了解简单的治疗常识，在语境中询问和描述不同的身体症状，利用调查表，将组内成员的身体状况进行汇总。	1. 对话 Symptoms of COVID-19 （1课时）
2. 模拟生病就医的情境，分析引发疾病的不良习惯，针对病情提出康复建议，完成病历，创编就医情景剧。	2. 对话 At the Doctor's （1课时）
3. 在小组内交流讨论，梳理保持身体健康的建议，为学校餐厅、卫生间、操场等场所设计健康小贴士。	3. 介绍类短文 Health suggestions （1课时）

单元教学目标	语篇
4.在小组交流合作的过程中,制作和汇报《健康生活习惯指南》手册,加深对健康生活理念的理解,并通过21天健康生活习惯养成计划,付诸行动。	4.单元项目: Make *The Guide to Healthy Habits* （1课时）

三、分课时单课语篇教学设计

（一）Lesson 1 Symptoms of COVID-19

1.语篇研读。

（1）What:本课时的语篇为日常就医情境中的对话,内容围绕学生就医的过程展开。不同学生在生病后出现了不同的症状,分别前去就医。学生在描述出自己的症状后,医生分别对他们进行了关心并提出了建议。

（2）Why:通过呈现不同学生就医的过程,能够让学生感知和理解疾病不同症状的表达方式,意识到疾病给身体带来的不良影响,从而感悟到保持身体健康的重要性。

（3）How:该对话是比较典型的日常就医对话,涉及常见的关于疾病以及症状的词语,如 fever、cold、headache、runny nose、sore throat 等;就医常用的核心语言,如 "What's the matter? I've got a..."。该对话情节简单,易于理解,且常见的疾病症状来源于日常的生活,学生能够感同身受,具有现实意义。

2.教学目标。

通过本课时学习,学生能够:

（1）在看、听、说的活动中,获取、感知并理解日常医患对话中出现的常见症状,如 cold、cough、headache、runny nose 等。（学习理解）

（2）在小组合作中，准确、灵活运用核心语言 "I've got a..." 来描述身体疾病及症状。（应用实践）

（3）在教师的帮助下，利用问卷调查组内成员的身体状况，汇总并介绍；同时尝试表达对他人的关心并提出简单的建议。（迁移创新）

3. 教学过程。

教学目标	学习活动	效果评价
目标1	1. 学生回顾新冠肺炎疫情对我们的生活产生的巨大影响，对制作《健康生活习惯指南》手册的单元任务产生共鸣。 2. 学生观看视频，思考问题 "What's the matter?" 并运用已有的关于疾病症状的词语 cold、headache、cough 和句型 "I've got a..." 进行回答。 3. 学生观察绘本封面，基于图片和已有经验，预测文本内容，并通过听音圈画出不同的疾病症状，之后验证预测。 4. 学生通过听音、观察图片或观看视频等活动，逐步感知并理解文本中不同小朋友所描述的症状："I've got a _____ (fever、runny nose、sore throat)"，获取医生的建议 "Get some rest. You'll get better soon." 以及日常的卫生保健知识。	教师观察学生获取症状相关信息的情况，根据学生的表现给予指导和反馈。 教师根据学生理解症状相关词语的情况，发现问题，及时提供帮助。
目标2	5. 学生在教师的指导下，梳理、归纳医患交流的语言以及不同的疾病症状。小组合作，匹配症状卡，并用肢体和口头语言展示不同的疾病症状。 6. 学生听音跟读绘本视频、朗读对话，关注自己的语音、语调和节奏。	教师观察学生在小组合作中交流疾病症状的情况，根据学生表现给予必要的提示和指导。
目标3	7. 学生运用本课的核心语言，在组内调查并记录组员们得新冠肺炎后出现的身体状况，通过询问和回答，记录下同学们曾出现过哪些症状、不同的症状分别有多少人，并在班级内进行汇报展示。 8. 通过调查交流活动，学生能够体会疾病对身体和生活造成的影响，并意识到健康的重要性："Keep healthy! Enjoy a happy life."。	教师观察学生在小组内运用语言调查身体状况的情况，引导学生积极讨论。 教师观察学生向全班汇报的情况，引导学生积极评价。

板书设计、作业设计及课后反思如下：

板书设计	
作业设计	巩固性作业： 1. 复习本课中关于常见疾病和症状的单词和短语，用思维导图进行简单的梳理。 2. 流利地朗读绘本，并运用核心句型向他人的身体情况表示关心。 实践性作业： 调查家人得新冠肺炎后的症状，并在班级内展示。
课后反思	本节课内容较简单，文本易理解，各环节任务的设计紧扣课时目标，遵循了学生的学习规律，由易到难，由学习理解、应用实践到迁移创新，逐步深入。结合学生们生病的情境，学生很乐于分享和交流自己的真实经历，参与度较高。由于疾病话题方面知识储备不足的限制，学生在表达的准确度上会有所欠缺，课后可以提供适当的科普类微课帮助他们进行拓展。

（二）Lesson 2 At the Doctor's

1. 语篇研读。

（1）What：该语篇类型是对话，课文情境是 Sam 去看病，医生问他怎么了，Sam 说自己感冒了。医生询问他昨天做了什么，Sam 说自己玩电脑游戏，很晚才睡觉。医生给他提了四条康复建议：按时吃药，多喝水，早睡觉，注意锻炼身体。

（2）Why：该语篇通过 Sam 和医生的对话，使学生意识到不良的生活习惯容易导致疾病，引导学生关注身体健康，纠正不良的生活习惯。

（3）How：本课学习对病情、病因等进行问答并听从医生建议，为本单元最终达成健康生活这一目标打下基础。该对话易于理解，具有现实意义和教育意义。

2. 教学目标。

通过本课时学习，学生能够：

(1)通过看图、听音回答等活动，梳理 Sam 生病的症状以及 play computer games、go to bed late 等病因，能够提取医生所给建议，形成病历，意识到健康的重要性。（学习理解）

(2)通过听音跟读、同桌合作朗读表演等活动，准确、有感情地朗读课文，并分角色表演课本剧。（应用实践）

(3)通过评价 Sam 就医前后生活习惯的变化，体会到不良生活习惯给健康带来的影响，意识到良好生活习惯的重要性。（迁移创新）

(4)通过总结 Sam 就医的对话，从教师提供的文本中提取疾病症状、病因并给出建议，创设就医情境及对话，扮演医生为患者提出康复建议。（迁移创新）

3. 教学过程。

教学目标	学习活动	效果评价
目标 1	1. 学生猜测图片中孩子的疾病，并明确驱动性任务。 2. 学生观察图片，看图观察回答问题 "Who is he? Where is he?"，获取本课文本的基本情境信息。 3. 学生观看 Sam 就医的视频，并选择 "What's the matter with him?" 的正确答案，初步感知课文内容。 4. 学生再次听录音并回答问题 "What did he do yesterday?" 推测 Sam 生病的原因，借助图片的帮助理解 computer games。 5. 学生借助教师搭建的支架，对 Sam 说的两件事进行评价，初步意识到不良生活习惯容易造成健康问题。 6. 学生听音回答问题 "What are the doctor's suggestions?"，把握文本细节。 (1)Take this medicine. 借助图片、单词卡及选药活动，学习词汇 medicine。 (2)Drink a lot of water. 学习 a lot of =lots of，并给出更多的喝水小贴士。	教师根据学生回答问题的情况给予指导。 教师根据学生理解、拼读单词的情况，发现问题，及时提供帮助。 教师根据学生对 Sam 昨天的活动的评价，初步了解学生习惯，给予价值引导。

续表

教学目标	学习活动	效果评价
目标1	（3）Go to bed early.借助单词卡以及自然拼读学习单词 early，思考自己的睡眠时间是否达到了小学生的睡眠时间标准。 （4）Do some exercise.用自然拼读形式学习 exercise。 7.学生跟随老师一起以伴随 chant 跳操的方式，练习表达医生提出的四条建议。 8.学生总结、复习医生给出的四条建议。	教师根据学生回答问题的情况，了解学生对四条建议的理解情况。
目标2	9.学生听音跟读、影子跟读，模仿语音语调。 10.学生两人一组，基于对话进行角色扮演。	教师根据学生的表现给予指导。
目标3	11.学生通过讨论，给 Sam 提出更多关于恢复健康的建议。 12.学生观看教师提供的视频 "Sam's new habits"，思考并回答问题 "What does Sam do now? How does he feel now?"，对其前后两种生活习惯进行对比评价，体会良好生活习惯对于保持身体健康的重要性。	教师根据学生对 Sam 生活习惯变化的评价情况，及时引导，帮助学生区分生活习惯的好坏。
目标4	13.学生与教师以问答的形式，从 what、why、how 三个角度梳理文本内容，整体把握语篇脉络，帮助医生从疾病、病因、治疗建议三方面完成病历。 14.驱动性任务达成： （1）学生在教师的指导下，两人合作阅读教师提供的对话文本，提取孩子们的疾病及病因，并根据病情进行思考、给出建议，从疾病、病因、治疗建议三个方面补充就诊病历并分享。 （2）学生两人合作，根据自己完成的病历，结合教师提供的语言支架，分角色模拟表演就医情境并展示。	教师观察学生从文本中获取信息并给出建议完成就诊病历的情况，给予帮助。教师观察学生创编就医情境及表演的情况，根据表现，给予指导。

板书设计、作业设计及课后反思如下：

板书设计	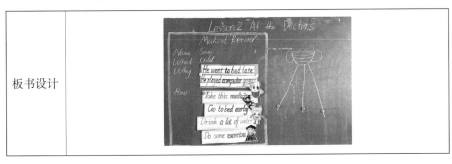

续表

作业设计	巩固性作业： 朗读课文，完成 Sam 的病历。 拓展性作业： 运用所学，回忆自己得病的经历，反思致病的不良生活习惯，从 what、why、how 三方面进行梳理。
课后反思	本节课文本内容简单，在内容框架的处理上按照由易到难的形式层层递进，学生能很好地消化和吸收。但是学生在进行课外知识拓展时，个别单词不知如何准确用英语表达，在呈现效果上稍有偏差。

（三）Lesson 3 Health suggestions

1. 语篇研读。

（1）What：本课语篇为介绍类短文，内容围绕保持身体健康的建议展开。在关于如何保持身体健康的班级交流分享会上，Daming、Amy、Sam 和 Lingling 从饮食、运动、卫生等方面给出了健康建议。

（2）Why：语篇通过四位同学提出的健康建议，帮助学生了解和学习保持身体健康的方法，思考拥有健康体魄的意义，引导学生树立健康意识，养成良好的生活习惯。

（3）How：语篇涉及饮食、运动和卫生建议方面的词语，如：exercise、healthy、toilet；给别人提供建议时使用的核心语言，如"Eat vegetables every day. Drink lots of water or juice. Do exercise every day."。学生在之前的学习中接触过指令类祈使句，在本模块前两个课时学习了提出建议的祈使句，已有一定语法基础。该短文情节简单，易于理解，具有现实意义和教育意义。

2. 教学目标。

通过本课时学习，学生能够：

（1）在课文情境中，通过听音回答问题、听音连线等活动，获取、梳理语篇中四位小学生提出的健康建议。（学习理解）

（2）通过跟读、自读、小组读等活动，能有感情地朗读课文，语音、语调准确，并能分角色表演课文。（学习理解）

（3）在教师的帮助下，通过小组讨论等活动，了解更多保持身体健康的建议。（应用实践）

（4）通过小组内交流讨论，用"Eat vegetables every day. Do exercise every day."等祈使句为学校餐厅、卫生间、操场等场所设计健康生活习惯小贴士，引导同学们明确保持身体健康的重要性，养成良好的生活习惯。（迁移创新）

3. 教学过程。

教学目标	学习活动	效果评价
目标 1	1. 学生与教师一起回忆上节课的内容：Sam 接受了医生的康复建议，并养成了一些好习惯。学生看图，说一说 Sam 的好习惯。 2. 明确本课时的驱动性任务：为学校餐厅等场所设计健康小贴士。 3. 学生初听课文音频，回答问题"How many suggestions can you hear?"。 4. 学生观看课文动画，通过连线，梳理四位小学生提出的健康生活建议。 5. 学生借助图片、动作，学习四位小学生提出的健康建议，并在学习过程中拓展了解更多饮食、运动、卫生方面的健康建议。	教师观察学生能否根据图片内容说出 Sam 的好习惯，发现问题并及时给予指导。 教师观察学生能否参加互动和交流，并根据需要调整提问方式，进行追问或给予鼓励。
目标 2	6. 学生听录音跟读、自读、分角色朗读语篇，并注意模仿语音、语调、节奏等。 7. 学生基于对话内容进行角色扮演并进行小组展示。	教师观察学生能否借助板书呈现的语言支架完成课文表演，根据学生的表现给予必要的提示和指导。
目标 3	8. 学生在教师的指导下，通过小组讨论进行头脑风暴，拓展学习更多的保持身体健康的好习惯。	教师观察学生在小组内交流讨论的情况，及时给予学生词汇、短语方面的指导。
目标 4	9. 学生在小组内交流讨论，依据健康建议思维导图，为学校餐厅、卫生间、操场等场所设计健康生活习惯小贴士并进行最终汇报展示。	教师观察学生小组合作的情况，判断学生是否能针对不同场所制作不同的健康生活习惯小贴士并向其他同学介绍汇报，根据小组表现给予指导或鼓励。

板书设计、作业设计及课后反思如下：

板书设计	
作业设计	巩固性作业： 跟读、朗读课文，从饮食习惯、卫生习惯和运动习惯等方面整理健康生活建议，完善思维导图。 拓展性作业： 结合本课所学为自己的家庭制作健康小贴士，并张贴在家中，和家人一同养成良好的生活习惯。
课后反思	本节课各环节任务的设计紧扣课时目标，教学设计符合学生的学习规律，由易到难，由学习理解、应用实践到迁移创新，逐步深入。课堂活动较丰富，同桌合作、小组合作等充分调动了学生的积极性，学生参与度高。注重对真实语境的创设，学生在真实的语境中进行语言输出，表现良好，达成度较高。不足之处在于学生由于缺乏相应的词语储备，所以在提出更多保持身体健康的建议时不会表达，后续应当为学生提供相应的词汇库，供学生进行选择。

（四）Lesson 4 单元项目 Make *The Guide to Healthy Habits*

1. 内容介绍。

本项目属于"人与自我"主题范畴，涉及"健康文明的行为习惯与生活方式"。

本项目围绕《健康生活习惯指南》手册设计并实施。项目力求引导学生主动践行健康生活理念，享受良好的生活习惯带来的快乐。学生首先根据所学的健康生活建议反思自己的生活习惯，并通过制定21天健康生活习惯养成计划将理念落实到行动中；然后通过利用每个课时的生成性成果制作《健康生活习惯指南》手册并进行汇报，进一步深化对健康理念的理解。学生在制作《健康生活习惯指南》手册的过程中，体会动手实践、设计制作的过程，最终实现对健康生活理念的理解，并付诸行动。

2. 教学目标。

通过本课时学习，学生能够：

（1）结合实际，借助《生活习惯评价表》评价、反思自身的生活习惯，制订21天健康生活习惯养成计划，落实健康生活理念。（迁移创新）

（2）通过小组合作制作《健康生活习惯指南》手册，梳理并汇报学习成果，加深对健康生活理念的理解，传递健康生活理念。（迁移创新）

3. 教学过程。

教学目标	学习活动	效果评价
目标1	1. 学生根据思维导图说出自己知道的关于饮食、运动、卫生、起居的健康习惯。 2. 学生阅读《生活习惯评价表》，结合实际反思自己的生活习惯，填写表格，计算分数，并根据测试结果，评价自己现在健康习惯的养成状况。 3. 学生思考健康习惯养成方法。通过观看相关视频，理解21天养成习惯的原因。结合实际，思考并写出自己需要养成的健康习惯，制订自己的21天健康生活习惯养成计划。借助语言支架"Hi, my name is _____. I want to have healthy habits. I'm going to _____ for 21 days." 介绍自己的计划。 4. 学生在老师的引导下，理解"行为会形成习惯、习惯养成一种生活方式"，进一步加深对"Healthy habits, happy life!"的理解。	教师观察学生能否积极参与互动并说出四个方面的好习惯，并进行鼓励和指导。 教师巡视课堂，观察学生能否按照要求完成评价并及时进行指导。 教师对学生书写的句子进行指导，提醒学生注意大小写、标点符号等。
目标2	5. 学生明确任务：制作《健康生活习惯指南》手册并进行展示，评选出最受欢迎的指南。 6. 学生观看《健康生活习惯指南》制作视频，并学习cover、contents、order、bind等单词、制作指南的步骤及英语表达。以小组为单位，在老师的引导下分工合作，通过粘贴、绘画完成目录和封面的设计和制作，排好顺序后借助夹子装订成册。 How to make a guidebook? Step 1. Make the contents. Step 2. Make the cover. Step 3. Put the pages in order. Step 4. Bind the pages together.	教师巡视各个小组的制作情况，进行帮助。指导学生一边动手制作，一边用英语介绍步骤。 教师观察学生在小组内运用语言支架汇报指南的情况，及时给予指导。

续表

教学目标	学习活动	效果评价
目标2	7. 学生根据语言支架介绍自己小组的指南，并根据评价量规从内容描述、表达展示、团队合作、指南设计四方面改进自己的汇报，评价他人的汇报。 A: Hello，We are Group ＿＿＿. This is our guidebook. B: If you have got a ＿＿＿，＿＿＿＿. C: If you want to be healthy，＿＿＿＿. D: If you want to have healthy habits，＿＿＿ for 21 days. All: Healthy habits, happy life! 8. 学生以小组为单位浏览其他组的指南并进行投票。按照评选规则从封面设计、排版布局、内容书写等方面评选出最美指南。 9. 学生在教师的引导下，总结本模块的主要内容，评选出优胜小组。	教师观察学生是否能公平、公正地评选最美指南并及时作出反馈和评价。

板书设计、作业设计及课后反思如下：

板书设计	
作业设计	**巩固性作业：** 制作微视频。把小组内制作的《健康生活习惯指南》手册的汇报过程录制成视频，分享到家庭群，引导家庭成员加深对健康生活理念的理解，为构建最美家庭增添力量。 **拓展性作业：** 完成对绘本 *How to Be Healthy* 的阅读。
课后反思	本节课是对前三个课时的综合和拓展延伸，活动设计层层递进，指向完成单元项目——制作《健康生活习惯指南》手册并进行展评。活动情境创设真实，并融合了美术学科，帮助学生体验有意义的学习过程，实现语言学习和课程育人的融合统一。但是，在制作《健康生活习惯指南》的过程中，学生因缺少项目学习经验，忙于手工制作，会忘记随时用英语表达相关步骤，这些需要教师全面考虑学情，课前充分预设，课上有序组织。

四、表现性任务及评价量规

1. 评价任务：

制作并展示作品《健康生活习惯指南》手册。

2. 评价目标：

正确使用单元核心句型及教师提供的语言支架，小组合作完成《健康生活习惯指南》手册的制作并汇报。

3. 任务描述：

学生根据评价量规和教师提供的汇报所用的语言支架先组内汇报，然后进行全班汇报。根据评价量规完成自评和互评，并记录评价结果。

4. 评价量规：

	Excellent! ☆☆☆☆☆	Good! ☆☆☆☆	Come on! ☆☆

Contents(维度)	Standards（标准）	Scores（得星数）
Description 内容描述	You should use correct words and sentences. 使用正确的词、句来描述指南。 ☆	
Presentation 表达展示	You should express clearly, fluently and confidently. 表达清晰、流利、自信。 ☆	
Teamwork 团队合作	Everyone in your group should introduce the guidebook and cooperate with each other. 全员参与，小组合作。 ☆	
Design 指南设计	The cover is designed beautifully and creatively. 封面设计美观、有创意。 ☆	

五、单元教学反思

1. 活动设计：

本单元围绕保持健康生活习惯这一主题展开，以设计制作并汇报《健康生活习惯指南》手册的单元任务为终点，分四个课时进行教学设计。

第一课时，引导学生借助绘本，学习得新冠肺炎后的常见症状；第二课时，引导学生为疾病症状不同的人提供正确的康复建议；第三课时，引导学生为学校餐厅、操场、卫生间等场所设计制作健康生活习惯小贴士，提醒同学们养成良好的生活习惯；第四课时的项目围绕《健康生活习惯指南》手册的设计制作及汇报开展进行，学生逐步加深对保持健康生活习惯这一单元主题的认识并初步形成健康生活理念。

2. 教材处理：

教师在第一课时引入绘本，在第二、三课时带领学生学习课文文本，在第四课时带领学生进行单元项目活动。在单元备课之初，我们设计的第四课时是综合实践活动，但是综合考虑后，我们发现活动设计不足以支撑实践活动的达成，因此将实践活动修改为单元项目活动，更能够凸显育人价值。

3. 时间安排：

本单元教学分四个课时完成。第二、三课时由于学习的是教材内容，学生比较熟悉，95% 的学生能就同学的生病症状提出康复建议。但在后面的迁移创新活动中，学生的语言还是基于课本语言，极少拓展到课外内容。第四课时项目活动课，学生需要花费大量时间讨论怎样制作手册，因此耗时较长。

4. 学生参与度：

本单元设置了贴近学生生活的情境，学生参与度较高。在第二课时和第三课时对教材的学习中，学生由于对文本内容比较熟悉，所以几乎所有人都能够积极参与到模仿对话、故事表演中。第四课时是项目活动课，学生在学习的过程中积极动手参与，参与热情也极为高涨。教学基本做到了合作互动，全员参与，有效学习。

（潍坊市：孟清　吕翔　朱燕妮　宋敏　范韦韦　徐建芹）

专家点评

在本单元整体教学设计中，教师以英语学习活动观的三个维度为设计教学目标的抓手，充分凸显英语学科的育人价值，围绕 Keep healthy habits 这一单元主题，从单元整体教学目标出发，聚焦英语学科核心素养，结合学生生活实际，通过让学生分享感染新冠病毒后的真实经历，从陈述病情开始，引导学生寻找病因，帮助学生提出合理建议，与学生一起进行了对健康生活的探索。经过"学习理解—应用实践—迁移创新"等体现语言能力螺旋上升的学习过程，学生得以理解、内化、运用所学语言，表达自己的思考与发现，从多视角出发认识健康的重要性，体会饮食、运动等方面的好习惯对健康的影响，思考健康生活的方式，树立健康生活的意识，形成健康生活的观念，保持健康的生活习惯。

学生在深化对单元主题的理解的过程中获得知识、提升能力、发展思维、塑造品格。在教学过程中，教师始终关注学生的学习表现和学习成效，根据需要给予必要的指导和帮助，推动了"教—学—评"一体化的实施。

青岛市教育科学研究院　姚蓓贝

图书在版编目（CIP）数据

手把手教你做：小学英语单元整体教学指导手册 /
杨璐主编 . — 济南：山东友谊出版社 , 2023.11
ISBN 978-7-5516-2850-1

Ⅰ . ①手…　Ⅱ . ①杨…　Ⅲ . ①英语课—小学—
教学参考资料　Ⅳ . ① G623.313

中国国家版本馆 CIP 数据核字 (2023) 第 204481 号

手把手教你做：小学英语单元整体教学指导手册
SHOUBASHOU JIAO NI ZUO: XIAOXUE YINGYU DANYUAN
ZHENGTI JIAOXUE ZHIDAO SHOUCE

责任编辑：张倩昱
装帧设计：刘洪强

主管单位：山东出版传媒股份有限公司
出版发行：山东友谊出版社
　　　　　地址：济南市英雄山路 189 号　邮政编码：250002
　　　　　电话：出版管理部（0531）82098756
　　　　　　　　发行综合部（0531）82705187
　　　　　网址：www.sdyouyi.com.cn
印　　刷：济南乾丰云印刷科技有限公司

开本：710 mm×1020 mm　1/16
印张：17.25　　　　　　　字数：260 千字
版次：2023 年 11 月第 1 版　印次：2023 年 11 月第 1 次印刷
定价：48.00 元